직장보다 직업

멋진 출발이 아니어도 좋다 평생 할 일을 설계하자

직장보다 직업

박기선 지음

"현존하는 직업의 70%는 사라지거나 다른 직업으로 바뀐다. 지금 일하는 사람들 가운데 90%는 프리랜서나 개인사업자가 된다." - 유엔 미래보고서 2040

"오늘날 학생들의 65%는 아직 생기지도 않은 직업을 가지게 될 것이다." - 미국 듀크대 케시 데이비스 교수

"로봇 혁명으로 2025년까지 전체 직업 중 3분의 1이 사라질 것이다." - 미국 IT전문 컨설팅기업 가트너(Gartner)

사람은 현재를 살아가는 존재이다. 누구도 미래를 정확하게 예측할 수는 없다. 그렇지만 데이터와 통계로 미래를 어렴풋이 예상할 수는 있다. 미래에는 지금 있는 일자리가 많이 사라질 것이라고 한다. 지금까지도 많은 일자리가 사라졌고 새로 생기고 있지만, 다가올 미래에는 그 변화가 너무 빠르다는 특징이 있다. 당장 내년에 어떤 일자리가 생기고 사라질지 알 수 없다.

우리의 삶은 일자리를 중심으로 돌아간다. 내일 아침 출근하기 위해 일찍 잠자리에 들고, 일자리와 가까운 곳에 살려고 하며, 일자리가 불안한 사람은 결혼이나 육아 등 많은 걸 포기하며 살아가야 한다. 일자리를 통해 생계를 해결하는 것은 물론이고 자아실현도 이룬다. 우리 삶 자체가 일자리라고 해도 지나친 말이 아니다.

"활을 만드는 사람이 갑옷을 만드는 사람보다 착하지 못한 것은 아니다. 그러나 화살을 만드는 사람은 어떻게 하면 그가 만든 화살이 사람을 상처 나게 할 수 있을까를 고민한다. 반면 갑옷을 만드는 사람은 어떻게 하면 사람을 잘 보호할 수 있을까를 고민한다."

맹자의 「시인함인장(矢人函人章)」에 나오는 문구이다. 어떤 일자리를 가지느냐에 따라 생계는 물론이고 그 사람의 삶의 질도 변화된다는 것을 일컫는 말이다. 이는 과거나 지금이나 변함없는 사실이다. 그렇기 때문에 우리는 일자리를 찾을 때 최대한 신중한 자세로 임해야 한다.

"학생들에게 대기업 가라고도 못하겠습니다."

취업 담당자 워크숍에서 같은 테이블에 앉아 있던 참석자가 한 말이다. 사연인즉 제자 중 한 명이 자신이 추천한 대기업에 취업했다가 3년 만에 구조조정을 당해 회사를 퇴직했다는 것이다. 대출 받아 신혼집까지 마련했는데 이자를 어떻게 갚아야 할지 막막한 처지라고 한다. 대기업에 추천한 자신도 책임감이 있기에 마음이 무거웠다고 한다. 제자가 다닌 대기업 구조조정 뉴스를 찾아보니 짤막한 기사 몇 개만 나왔을 뿐이다. 어쩌면 대기업 구조조정이 일상화된 느낌마저 든다. 취업 교육을 담당하는 나로서는 남의 일 같지 않았다. 청년 취업 빙하기 이야기는 어제오늘 일이 아니다. 앞선 세대로서 청년들에게 미안한 마음이다.

청년들은 물론 모든 세대가 힘들어하고 있다. 30~40대는 낮아진 은퇴 나이로 언제 해고될지 몰라 불안하다. 50~60대는 늘어난 수명과 자식에게 의존할 수 없는 세대로 은퇴 후 일자리에 대한 고민이 크다. 이런 뉴스를 매일 접하는 10대들 역시 꿈이 '건물주'가 되었고, 자신이 좋아하는 일보다 취업이 잘되는 학과를 선택하고 있다. 돌파구는 딱히 보이지 않는다. 정부도 일자리 정책에 많은 예산과 시간을 투입하지만 큰 성과는 없어 보인다. '고용 없는 저성장'이 일반화되고 있고, 마땅한 처방전은 보이지 않고 있다.

우리는 큰 병에 걸리면 명의(名醫)를 찾는다. 명의의 첫 번째 조건은 치료 이전에 정확한 진단이다. 정확한 진단이 나와야 제대로 치료를 할 수 있다. 모두가 일자리 때문에 힘들다면 일자리 정책, 인식, 방향 등 보다 근본적인 진단을 내려야 하지 않을까. 일자리가 우리 삶에 많은 영향을 미치니 삶 자체에 대한 진단을 고민해야 한다.

우리는 유럽이 250년간 이룬 경제 발전을 50년 만에 이루었다. 짧은 기간에 모든 걸 완성해야 했기에 철학, 정치, 교육, 라이프 스타일 등 많은 부분이 과거 7% 성장 시대에 맞춰져 있다. 경제 성장을 위해 일부 기업의 일탈을 눈감아 주었고, 개인의 삶의 질보다 연대를 강조하며 희생을 요구했다. 대학생도 대기업 취업이 최고 자랑이었고, 직장인도 회사에 충성을 다하면 노후도 보장해 줄 거라는 인식이 많았다.

하지만 이제 성장 동력이 크게 사라지고 저성장시대로 들어섰다. 그럼에도 불구하고 철학, 정치, 교육, 라이프 스타일은 여전히 고성장시대에 머물러 있다. 토목 건설 같은 장밋빛 공략을 제시하고 창업 열풍에 많은 사람이 합류하고 있다. 이제는 보다 솔직해질 필요가 있다. 저성장을 인정하는 것이 바로 문제 해결의 시발점이다. 인정한다는 건 진단을 받겠다는 뜻이고, 진단이 정확하면 치료하는 방법이 나온다.

우리의 해결책도 저성장을 인정하자는 데서 출발한다. 그리고 거기에 맞는 라이프 스타일을 제시했다. 1장은 지금 우리가 처한 현실을 제대로 보자는 이야기이며, 2장에는 이제는 직업 위주가 아니라, 라이프 중심으로 변화하자는 메시지를 담았다. 3장에서는 우리의 라이프는 갑자기 바뀌지 않고 서서히 바뀐다는 점을 강조했고, 4장은 저성장 시대를 맞아 우리의 희망을 꽃피울 수 있는 방법에 대해 고민했다. 5장에서는 커리어 컨설턴트로서의 경험을 담아 나이별에 맞는 라이프 스타일을 소개한다.

원고를 집필하는 도중에 많은 일들이 일어났다. 그중 하나가 이세돌 9단과 알파고의 대결이었다. 결과는 4승 1패로 이세돌 9단의 패배였다. 값진 1승이 있었지만 알파고의 완승이었다. 제4국에서 알파고가 패배를 선언할 때 컴퓨터 화면에는 이런 메시지가 떴다.

AlphaGo resigns! The result 'W+Resign' was added to the game information.

'백돌 불계승 결과가 게임 정보에 추가되었습니다'라는 뜻이다. 사람들은 인류의 승리라며 환호했지만, 냉정한 인공지능 알파고에게는 하나의 게임 정보에 불과함을 보여주는 메시지였다. 패배했지만 알파고는 이를 통해 학습하고, 영구히 기억한다. 이후 알파고는 기라성 같은 바둑기사들을 누르고 2017년 1월까지 60:0이라는 완벽한 스코어로 승리의 행진을 이어 오고 있다.

독일에선 아디다스 신발 공장이 현지에서 오픈되었다는 소식이 들려왔다. 신발 산업은 노동 집약 산업으로 1990년대 중국이나 동남아로 공장을 이전했다. 20년이 지난 후 다시 독일로 공장이 돌아온 것이다. 연간 50만 켤레를 주문자 생산 방식으로 생산하는데, 현장 인력은 10명뿐이다. 과거였다면 600여 명의 상시 근로자가 필요했고, 이들을 관리하는 직원도 있어야 했다. 4차 산업혁명으로 590명의 일자리가 사라진 것이다.

기계 첨단화가 편리함을 제공하고 있지만, 그것이 100% 긍적적인지는 생각해 볼 일이다. 이런 이유로 지구촌은 '기본 소득 보장' 도입을 고민하고 있다. 우리나라 역시 다양한 이름으로 기본 소득 보장을 공론화하고 있다. 라이프에도 다양한 신조어가 등장했다. '혼술, 혼밥', '프리터족', '욜로' 등이 그것이다. 결혼, 출산 같은 전통적인 가치보다 적게 벌더라도 남의 눈치 보지 않고 자신의 삶을 즐기려는 사람이 눈에 띄게 늘어났다. 라이프의 변화이다. 이러한 추세를 옳다 그르다고 판단하려는 게 아니다. 경제상황에 따라 그렇게 변하는 현실을 직시하자는 것이다.

나는 주말이면 크진 않지만 나름 규모가 있는 땅에서

농사를 짓는다. 농업도 첨단 기기와 농기계 도움으로 빨리 변하고 있다. 사실 변화의 속도를 못 따라갈 때가 더 많다. 나는 꼭 필요한 농기계를 제외하고 사용하지 않는다. 고지식할 만큼 사람의 힘을 사용하는 편이다. 여기에서만큼은 변화 스트레스를 피하고 싶은 마음일지 모른다. 아니면 나만의 로망을 실천하고 있는지 모르겠다. 분명한 건 이곳에선 고성장, 저성장을 따지지 않는다. 현재에 충실하고 주어지는 것에 감사하며 일할 뿐이다. 성과를 완전히 배제할 수 없지만 과정에 집중하는 나를 볼 때 행복을 느낀다.

과거 성공의 기준은 명확했다. 돈과 명예! 하지만 지금은 달라졌다. 나의 삶에 얼마나 충실했는가를 중요시한다. 나 또한 저성장의 터널에서 현재에 충실하고 주어진 것에 감사하는 삶을 이야기하고 싶은 것이다. 내가 제시하는 방법에 대해 다른 생각을 가질 수도 있다. 상황은 누구나 다 다르기 때문이다.

그동안 취업 전문가로서 제 역할을 할 수 있도록 오랫동안 도와준 충남대학교 인재개발원의 황명구 박사, 이윤범 전문위원, 그리고 평소 가까이서 많은 조언을 아끼지 않은 김천규 교수에게 감사를 드리며, 전국국·공립대학교취업담당관협의회와 전국대학교취업관리자협의회 회원들에게도 감사의 마음을 전한다.

위기가 왔을 때 막연히 느끼는 것과 위기의 실체에 대해 정확히 진단하고 대비하는 것에는 큰 차이가 있다. 저성장은 우리에게 위기이자 기회가 될 수 있다. 이 책이 진단을 내리고 대비하는 데 작은 도움이라도 되기를 바란다.

끝으로 옆에서 묵묵히 응원해 준 아내와 가족들에게 말로는 다하지 못할 고마움을 전하고 싶다.

2017년 6월 박기선

CONTENTS

Chapter 01 ｜ 모두가 상위 1%만 지향하는 사회

Chapter 02 ｜ 직장 간판이 아니라 역할로 삶을 바꿀 때

Chapter 03 ｜ 작은 변화가 미래를 바꾼다

Chapter 01

모두가 상위 1%만 지향하는 사회

1 공식 통계보다 심각한 체감실업률

우리가 사는 세상이 절망적인가 절망적이지 않은가를 구분하는 데 매우 중요한 하나의 잣대는, 공식적인 기관이 국민에게 거짓말을 하느냐 하지 않느냐는 것이다. 공식적인 기관, 즉 신뢰를 바탕으로 하는 기관이 국민을 상대로 거짓말을 한다면 숨길 것이 그만큼 많다는 것이고, 그런 사회는 내면적으로는 많은 문제를 안고 있게 된다.

사람들에게 신뢰를 주는 확실한 방법 가운데 하나는 숫자로 근거를 보여주는 일이다. 쉽게 사람이나 말을 믿을 수 없는 사회에서 숫자는 강력한 믿음의 도구가 된다. 설득에 관한 수많은 책에 '선 통계, 후 설득'이라는 공식이 존재하는 이유도 이 때문이다.

여기에 권위자의 말까지 더해진다면 설득의 힘은 배가 된다. 통계가 방향을 제시하고, 전문가가 해석하니 쉽게 믿게 되는 것이다. 이런 이유 탓인지 정부가 통계와 전문가들을 동원해서 국민을 설득하는 것은 정치에서 없어서는 안 될 필수 요소로 작용한다. 그렇다면 통계와 권위자의 설득은 과연 우리가 신뢰할 수 있는 것인가.

중국 정부를 보면 이런 사실에 고개를 갸우뚱하게 된
다. 고도성장을 계속해 온 중국 정부는 실상 통계 때문에 골
머리를 앓고 있다. 경제 성장률 지표 조작설이 끊임없이 제
기되고 있다. 미국을 비롯한 주요국들은 중국이 경제 발표
를 하면 '차이나 디스카운트'를 적용하여 반영한다. 일정 수
준을 깎아서 생각한다는 뜻이다. G2 답지 않은 국제적인 망
신이다.

논란이 일자 중국 정부는 통계국 수장을 '심각한 기율
위반'이라는 혐의로 조사 받게 하고 있다. 통계를 거짓 발표
한 혐의이다. 중국을 보면 통계가 무엇인지 많은 생각을 하
게 만든다. 통계를 어디까지 믿어야 하고, 통계를 발표하는
정부를 어디까지 신뢰해야 할까.

2016년에 인터넷을 뜨겁게 달군 통계가 하나 있다.
바로 청년 실업률 통계이다. 당시 통계청은 청년 실업률을
9.8%(2016년)라고 발표했다. 청년 10명 중 1명이 실업 상태라
는 것이다. 이렇게 놓고 보면 괜찮은 경제상황이기도 하다.
그런데 정작 주변에서 체감하는 실업률은 이와는 천지차이
였다. 아니나 다를까 같은 해 발표한 통계청의 또 다른 자
료에는 체감 청년 실업률을 20% 이상(2016년, 통계청)이라고 분

석됐다. 즉 숫자로써는 그 뒤에 숨겨진 현실을 완전히 내보여줄 수 없다는 것이다. 이른바 통계의 맹점으로, 어떤 기준인가에 따라 통계에 대한 신뢰도가 달라지는 것이다.

우리 사회의 큰 문제로 떠오르고 있는 청년 실업. 누구나 이것을 문제라고 인식한다. 하지만 실은 문제를 넘어 절망에 가까운 것이 현실이다. 청년 실업은 다른 실업과 다른 특징이 있다. 그것은 상당수 청년 구직자들이 취업 의사는 있으나 구직 활동을 포기한 '실망 실업자'라는 점이다. 먹여 살려야 할 가족이 없는 이 '실망 실업자'는 취직에 실패하는 횟수와 기간이 늘어나 아예 구직 활동을 포기한 사람들이다.

더욱이 정부가 조사한 청년 실업은, 통계 조사 주간에 1시간 이상 돈 버는 일을 한 사람을 취업자로 분류한다. 이 점을 고려하면 실질적인 청년 실업자는 이보다 더 많다. 이른바 '실망 실업자'들이 점점 늘어나고 있는 것이다. 당연히 정부에 대한 신뢰도도 추락한다.

실업률 9.8%라는 통계를 보고 네티즌들의 반응은 비슷했다. '거짓말도 정도껏 해라', '주변에 보면 대부분 백수다' 등 통계를 믿지 못하겠다는 반응이다. 정부는 철저히 사실을 바탕으로는 발표하는데 불신이 가득한 일반인들이 문제일까, 아니면 정부 통계 기준에 문제가 있는 것일까. 실업률 말고도 여러 통계를 보면 네티즌들의 마음을 들끓게 하는 게 더 있다.

대졸 초임 평균 연봉 월 280만 원.

4인 가족 부부 소득 211만 원이면 중산층.

국방부 발표 군인생활 만족도 96% 만족

솔직히 대부분의 청년들은 이 통계를 보면 비웃음부터 던진다. 예를 들어 학교에서 성적표를 낮게 받은 아이가 있다. 그런데 아이는 나름 기발한 아이디어를 내어 성적표를 조작한다. 하지만 손기술이 좋지 못해 엉성하게 조작된 성적표를 부모님께 보인다. 그 조작된 성적표를 보면서 부모는 평소보다 몇 배 이상 화를 낸다. 부모가 화난 이유는 무엇일까. 성적이 안 좋아서? 아니면 다 보이는 거짓말을 해서?

아이가 현명했다면 솔직하게 성적표를 내밀고 혼났을 것이다. 잠깐 혼은 났겠지만 성적이 떨어진 원인을 분석할 수 있는 계기가 마련된다. 또한 이번 시험이 유난히 어려워 공부 잘하는 친구들도 다 성적이 낮다면 면죄부도 받을 수 있고, 상황을 객관적으로 분석하여 앞으로 성적을 높일 수 있는 방법도 찾게 된다.

하지만 애초 거짓말을 해버리면 분석 자체를 할 기회가 사라진다. 거짓으로 성적이 좋다는데 부모가 시간과 돈 들여가며 희생할 필요가 없는 것이다. 실업률 외에 중산층 기준 등은 정부의 중요한 지표이다. 경제 정책과 외국인 투자 등 많은 곳에 영향을 미치지만, 그중 가장 큰 영향은 현 정부의 성적표라는 점이다. 모든 사람이 좋은 성적표를 받고 싶은 것처럼 정부도 좋은 성적표를 받고 싶어 한다. 그래야 다음 정권이 지속되고, 지지도도 높아질 수 있다. 하지만 근본적인 대책이 없는 이상 좋은 성적은 나오지 않을 것이다.

좋은 성적이 나오지 않을 때, 조작을 통해 좋은 성적이 나오게끔 하고, 언론 플레이를 통해 대대적으로 눈을 가릴 수는 있다. 솔직히 기왕 할 거면 제대로라도 속였어야 했다. 어쩌면 제대로 했다고 생각할 수도 있다. 그러나 그런 눈속임에 넘어가기엔 대한민국의 교육 수준이 너무 높다. 눈 가리고 아웅 수준의 거짓말은 이 시대에는 거의 통하지 않는다. 과거처럼 통계 자료만 보고 쉽게 믿지 않는다는 말이다.

흔히 '문제없는 인생은 없다'고 한다. 정부도 마찬가지다. 문제없는 정부가 어디 있겠는가. 중요한 건 문제를 대하는 태도이다. 태도에 따라 문제는 국가에 심각한 타격을 줄 수도 있고, 도약의 기회로 삼을 수도 있다. 그리고 태도에서 가장 중요한 건 신뢰이다. 세계 곳곳이 저성장 늪에서 빠져나오지 못하고 있다. 그래서 높은 실업률은 전 세계적인 문제이다.

정부라고 해도 컨트롤할 수 없는 불가항력적인 요소가 존재하는 법이다. 불가항력적인 요소로 문제가 터질 때 현재 상황을 객관적으로 분석한 통계자료로 진정성 있는 대화를 요구한다면 어떨까. 하나의 통계를 두고 여러 가지 답이 나온다. '가계부채'를 두고 어디에서는 시한폭탄이라고 하고, 어디에서는 관리 가능 수준이라고 말한다.

물론 다양성의 시대에서 한 가지 통계가 절대적으로 옳은 것은 아니다. 하지만 기준점은 있어야 한다. 그런데 그 기준점으로 뽑히는 정부의 통계가 신뢰를 위반한다면 혼란은 가중될 수밖에 없다. 설혹 거짓말이 아니더라도, 현실과 괴리된 통계는 사회에 거짓말 못지않은 악영향을 끼치게 된다.

'시너지'란 말이 있다. 한 명이 내는 힘을 여러 명이 모은다면 힘은 몇 배로 증가한다. 우리 주변에 시너지의 사례는 많다. 시너지를 내기 위해선 먼저 신뢰가 중요하다. 모두

가 힘들다고 아우성칠 때 솔직하게 머리 맞대고 생각을 내
놓으면 시너지를 낼 수 있다. 그런 신뢰로부터 적극적인 돌
파구를 찾을 수 있다. 신뢰 회복이 우선인 세상, 공식 실업
률과 체감 실업률이 확실히 다르다는 것을 우리 모두는 알
고 있다.

겉으로 드러내지 않고, 펼치지 않는 꿈은 망상이다. 펼치고 실천해야 꿈이 된다. 예전에는 마을 입구에 이런 내용의 현수막이 간혹 걸려 있었다. '개천에 용이 났다'고 온 동네가 떠들썩하던 시절이다.

축 김OO 아들 사법(행정)고시 합격

축 김OO 아들 장군 승진

해주(海州) 吳씨 오OO 대장 승진

가난한 시골 출신이 상경하여 사법고시 합격 후 판검사를 하던 중, 잘 나가는 기업체 사장의 사위가 되어 출세가도에 오르는 장면을 소재로 한 드라마도 있다. 그런데 로스쿨 제도가 생기고, 신분 상승의 대표적인 시험이던 사법고시가 없어지면 개천에 용이 나기는 어려운 시대가 될 것이라고 한다.

기득권층의 자리물림이 문제일 수 있다는 점에서 로스쿨을 현대판 음서제로 보는 사람도 있다. 이 부분은 추가적인 논의가 필요하지만, 기회의 균등성이 줄어든다는 점에서 서글픈 이야기이기도 하다. 이런 현상은 우리 사회 여러 곳에서 발생한다. 그 탓인지 부모의 재산이 자녀의 경제력, 지위를 결정한다는 금수저, 흙수저의 '수저계급론' 유행어가 우리 사회 전반에 번지고 있다.

그런데 이런 분위기의 저변에는 우리가 그동안 간과해 온 사실이 있다. 우리도 모르게 강요받아 왔던 '어떤 교육'이 바로 그것이다. 우리는 1등만 원하는 교육을 받아왔다. '옆집 친구 OO은 1등을 했다더라'로 시작하는 비교 표현법은 많은 아이들의 사기를 저하시키고, 자신감을 떨어뜨리는 계기가 되었다.

1등을 하다 3등으로 성적이 떨어진 여고생이 엄마에게 꾸중을 듣고 자살했다는 사례는 어처구니없는 이야기처럼 들리지만, 우리가 살아가는 세상의 비극을 단적으로 보여주는 것이기도 하다. 당연히 이런 교육은 판사, 의사, 교사, 회계사, 공무원 등 번듯한 사(士)자 돌림의 직업이 전부인 것처럼 알게 만든다.

더욱이 '대학을 나왔으니 그럴듯한 직장(대기업, 공기업 등)에 들어가야 한다'는 산업화시대부터 나온 이야기를 21세기 정보화시대에도 우리들은 당연한 듯 말하고 있다. 그렇다. 그동안 우리는 엘리트로 살아가고 엘리트를 우러러보는 것을 '강요' 받아왔다. 공부가 학문과 연결되기보다 출세를 하기 위한 유일한 방법이었던 셈이다.

공부를 잘해야 출세(성공)할 수 있고, 대학을 나와야 좋은 직장에 들어가서 돈을 벌어 가정을 이루고 집도 장만할 수 있다는 이야기. 산업사회의 전형적인 출세론이 여전히 유령처럼 남아 있는 것이다.

초중고를 포함한 학창시절에는 부모님, 선생님들이 추천한 직업이나 방송, 영화 속에서 나온 적 있는 직업을 선택하려는 경향이 크다. 그런데 성인이 되어서도 이런 현상이 이어진다. 부모님이 추천한 직업은 교사, 공무원, 의사, 약사, 한의사, 변호사, 판사, 공인회계사, 건축사 등의 안정적이거나 전문적인 직업이 대다수이다.

하지만 모두가 이런 직업을 가질 수도 없고, 또 맞지도 않는다. 문제는 성장하면서 이를 깨달음에도 불구하고 현실은 결국 내가 알고 있는 대기업이나 브랜드 기업 중심으로 기울어져 있다. 대기업에 들어가려고 해도 만만치 않게 준비해야 하고, 자신의 전공과 어떻게 결부되어 있는지도 모르다 보니 두려움이 가중된다.

　이러한 현상은 대학 입학 및 전공 선택 시에 자신의 특성과 의사를 고려하지 않은 경우에 일어나는 결과다. 개인의 특성과 재능 따위는 상관없이 대학 입시 위주의 교육을 하고, 그저 수능 성적에 맞추어 입학한 경우가 많기 때문이라고 볼 수 있다.

　산업화시대부터 시작된 입시 위주의 교육이 경쟁체제를 서열화하여 대학 간판, 즉 연공서열이 되어 출세의 길이라고 여기는 현상이 곪아 터져 가고 있는 것이다. 내신 성적 반영과 수능시험에 의존하는 대학 입시 제도의 한계는 암기 위주 교육이라는 점이다. 나 또한 암기 위주의 교육을 받아왔지만, 60이 넘도록 사회생활을 하면서 그런 외우기가 사회생활에 쓸모가 있었다고는 말 못하겠다.

　모 대학에 다니는 학생들 가운데 A+ 학점을 받는 경우는 교수의 강의 중에 농담까지도 필기하는 사람이라고 한다. 질문을 던지고 물음을 갖고 깊이 고민해야 하는, 말 그대로 최고 수준의 학벌에서의 학생이 고등학생과 다름없는 행동을 하고 있는 것이다. 입시 위주의 교육은 시험이 끝난 이후 실용성이 떨어지면서 쓸모없는 지식으로 곧바로 탈바꿈한다. 이는 직업 선택에서도 심각한 장애를 유발하기 마련이다.

　이제 우리 사회는 정보화시대에 맞춰 인식 전환이 필요하다. 직업 교육은 토론을 겸비한 문제 해결 중심의 다양한 교육으로 변모해야 한다. 즉 실용적인 교육을 통해 사회생활에 필요한 기본적인 소양을 배우고, 교육을 응용할 수 있어야 하는 것이다. 대학 및 전공도 부모 혹은 선생님의 권유나 추천으로 선택하는 경우가 많은데, 이때 선택의 이유는 학교 위상이다. 그렇게 수능 점수에 맞춰서 대학을 선택하는 것이 이제는 더 이상 우리의 삶에 도움이 되지 않는다는 것을 알면서도, 그럼에도 불구하고 악순환은 계속되고 있다.

　우리는 주변에서 자신의 의지와 재능, 적성을 고려하지 않고 선택한 대학과 학과(전공)에 입학해 입학 초기부터 적응하지 못하고 방황하는 청춘들을 손쉽게 볼 수 있다. 또는 입학 후 다른 목표가 없어서 저학년 때는 일탈로 시간을 보내다가 고학년 때 취업 준비의 어려움에 매몰되는 청춘도 흔히 접할 수 있다.

　둘러보면 대졸 청년 취업률이 점점 낮아지고, 이 때문에 졸업 연기생이 부쩍 늘어나고 있다. 하지만 기업에서는 당장 쓸모 있는 인재를 키우라고 대학에 요구한다. 경쟁이 치열한 기업은 새로운 직원을 당장 실무에 투입하고자 하지만, 국내 대학 교육이 이론 중심으로 이루어져 실무에 투입하기에는 많은 비용과 시간이 어쩔 수 없이 들어간다.

그래서 중소기업부터는 신입사원보다 경력직을 선호하는 경향으로 변하고 있다. 결국 잘못된 교육이 우리 사회 전반을 뒤흔들고 있는 것이다. 이제는 이런 산업사회의 출세 지향 교육에서 빠져나와야 한다. 사회 및 직업생활에 필요한 진정한 교육이 필요하다.

예를 들어 본성에 대한 인간 교육, 대인관계 능력, 토론식 문제 해결 방법 등 다양성 있는 교육이 시도돼야 한다. 아울러 교육 방식의 변화도 요구된다. 특히 잘하는 일이나 하고 싶은 일 등을 지원함으로써 재능을 키워주고, 부모는 아이들의 재능을 이끌어내는 방향으로 교육하는 것이 바람직하다.

평생 '직장'이 사라지고 평생 '직업'을 가져야 하는 21세기 변화의 시대에 자신에게 맞는 직업 선택이 무엇보다 중요하다. 평생 직업이란 결론적으로는 '본인이 잘할 수 있는 일'이다. 좋아하는 일이 무엇인가 찾아내서 개성을 살리고 즐겁게 할 수 있는 일을 개발하는 것, 여기에 훈련과 연습으로 빚어진 오랜 경험이 더해져 전문성을 갖추는 것이 바로 이 시대에 필요한 교육이다.

결국 자신에게 맞는 일을 찾을 수 있도록 진로 및 직업 교육을 하는 것이 중요하다. 기업에서는 60세에 퇴직을 한다. 그나마도 법이 바뀌어서 늘어난 것이다. 그런데 정작 우리시대는 100세 시대다. 이미 퇴직 후 무엇을 할 것인가에 대한 고민으로 우리 사회 한 귀퉁이는 시끄럽다.

이런 시대에서 우리 청년들은 하고 싶은 일, 잘할 수 있는 일을 찾아야 한다. 사회 적응을 위한 기본 소양 교육뿐만 아니라 여가를 즐길 수 있는 문화적인 교육도 섭렵해야 한다. 이것이 100세 시대를 살아가는 방법이다.

봉건사회로부터 산업사회의 시대에 이르기까지 사농공상(士農工商) 위주 직업관으로 인하여 아직도 의사, 판검사, 변호사, 교사, 회계사 등 '선비사' 돌림의 직업만을 이야기한다면, 거기에 들지 못하는 이들 모두가 패배자로 전락할 수밖에 없다. 더욱이 핵가족사회, 개인주의가 강해지고 있는 시대의 흐름을 보자면 향후 개인의 특성 능력, 재능, 성향 등을 고려한 직업 선택이 절실히 필요하다는 것은 누구나 짐작할 수 있다.

MBC 라디오 〈그 사람이 사는 길〉이라는 프로에 '주방에서 행복을 찾는 안주원 요리사' 이야기가 소개되었다. 그는 미국 유학 후 '신의 직장'이라고 하는 대기업에 취업하여 부모가 원하고 남이 부러워하는 직장을 갖게 되었지만, 음식 만드는 일이 더 즐거웠다. 자격증 취득 공부 과정에서 음식 만드는 일은 정말 즐거웠고, 음식을 만드는 일 자체에 희열을 느꼈다고 했다. 결국 2년 반 만에 직장을 그만두고 음식 만드는 일을 시작했는데, 보수가 100만 원 정도밖에 되지 않아 큰 고민에 빠졌다. 그럼에도 불구하고 그는 '요리를 하며 사는 것은 힘들지만, 이것이 내가 세상과 소통하는 법'이라고 생각했다. 그래서 어렵고 힘들지만 주방에서 행복을 찾고 있다.

　　직업 선택의 가장 필수적인 요소는 '나에게 맞는가'이다. 자신에게 맞는 직업을 선택해야만 오래할 수 있고, 평생 직업이 될 수 있다. 가장 안정적이라는 공무원은 과연 누가 해야 하나. S대 출신의 9급 공무원 합격생이 "월급은 150만 원뿐이지만, '저녁 있는 삶'이 더 중요하므로 만족한다."라는 내용의 글을 올려 논란이 되었는데, 직업 선택의 기준은 개인의 가치에 따라 다름을 알려주는 대표적인 사례라고 할 수 있다. 이 학생은 개인의 행복에 대한 자기 정체성이 확립된 것으로 보인다.

갈수록 어려워지는 경제 환경 속에서 개성, 장점 등을 고려하는 것이 최선의 직업 선택이다. 주변을 둘러보라. 열심히 해서 성공했다는 사례가 무수히 많은데, 그렇게 성공한 사람들의 공통점은 좋아하는 일을 선택하였다는 것이다. 스포츠 선수, 최근 수많은 요리사, 백선생 이야기, 미용사, 전문직 등 사회에서 흔히 알고 있는 달인들의 이야기는 주목할 만하다.

인생은 살아 있는 동안 도전의 연속이다. 하고 싶은 일을 한다는 것은 얼마나 즐거운 일인가. 젊은 시절의 도전은 가치가 있다. 평생 직장이 아닌 평생 직업 시대를 살아가야 하는 이들에게 잘할 수 있고 하고 싶은 일을 하게 이끌어 주는 것이 진정한 의미의 직업 교육일 것이다. 당신은 아직도 신기루 같은 평생 직장만을 바라며 오늘 하루를 보내고 있는 것은 아닌가 스스로 자문해 봐야 한다.

'88만 원 세대', '헬 지옥', '지옥고(지하 옥탑 고시원) 청년의 방'… 요즘 청춘들이라면 익숙하게 들어보고, 실제로 쓰는 말들이다. 이제 우리나라는 청년층 실업률이 두 자리 수를 기록하면서 사상 최악의 실업난을 보이고 있다. 사회로 나가야 할 길목이 좁아지니 가진 것 없는 청춘들의 고민과 눈물은 늘어날 수밖에 없다. 그리고 비참하게도 이런 세태를 스스로 자조하는 신조어들이 이들을 표현하는 대표 단어가 되었다.

이런 단어들은 우리 시대 젊은이들을 짓누르는 게 무엇인지 단박에 알 수 있게 해준다. 그것은 미래에 대한 불안감이다. 그 탓인지 청춘들은 최근 3포(연애, 결혼, 출산 포기)시대를 넘어 5포(연애, 결혼, 출산, 집, 대인관계 포기)시대에서 7포(연애, 결혼, 출산, 집, 대인관계, 취업, 꿈 포기)시대에 이르렀다.

가장 꿈이 많고 즐거움이 많은 시기에 사회적 즐거움이나 의무에서 비껴 나가는 그 절망감은 오죽할까. 더욱 암담한 것은 이런 현실이 빨리 풀리지 않을 것이라는 전망이다. 장기간 경기 침체와 고용 없는 성장이 지속되면서 이제 취업시장은 총성 없는 전쟁터로 바뀌었다.

한정된 일자리를 나누다 보니 취업난의 심각성이 더욱 가중되는 것은 당연지사다. 지난 2015년 취업시장에서 채용된 64%가 비정규직이었다고 하니 말 다한 것이다. 그리고 이런 그들의 현실은 탈출하기가 녹록치 않다. 청년들의 근로 소득이 변변치 않음에도 주거비용이나 식비, 문화비 등은 지속적으로 상승한다. 쓸 돈도 없는데 사회는 이들을 더욱 쥐어짠다.

그뿐일까. 기껏 2년짜리 계약직에 취업했다 해도 불안한 미래 때문에 직장에서 제대로 기 한 번 펴보지 못한다. 그리고 가차 없이 2년 뒤 쫓겨난다. 그들은 살기 위해 아르바이트나 다른 비정규직을 찾게 되고, 그렇게 스스로의 시간과 꿈을 소진하며 서서히 절망 속으로 잠기게 된다. 더 무서운 것은, 고용신분제의 사회현상이 가시화되고 있다는 점이다. 우리 사회는 아래로 떨어지기는 쉬워도 위로 올라가기는 어렵기 때문이다.

한국 노동시장은 대기업– 정규직, 대기업– 비정규직, 중소기업– 정규직, 중소기업 – 비정규직 순서로 내려가는 피라미드가 갈수록 고착화하고 있는 것은 아닌가 싶다. 농

경시대를 탈피해 산업시대로 오면서 부모들의 세대는 가파른 고성장을 겪었다. 그때는 대학만 나오면 괜찮은 직장들이 기다렸다.

하지만 지금은 그런 시대가 아니다. 더 이상 우리에게 산업사회의 신화는 없다. "안 되는 게 어디 있어?"라고 외치는 회장님들의 시대가 아니란 뜻이다. 대학 입학과 동시에 취업 준비를 해도 어려운 시대다. 졸업과 동시에 취업하는 것은 극히 일부의 이야기일 뿐이다.

그럼에도 상당수의 대학생들은 입학 후 자신의 진로 결정을 내리지 못한다. 이러니 구체적인 준비도 없다. 그저 막연한 기대감으로 수업을 듣는 경우도 있다. 그저 사회의 성공담을 들으며 그런 모습을 그리다가 막상 준비한 것 없이 졸업이 다가오면 전공이나 자격이 필요 없는 공무원 시험 준비에 쏠린다. 그 탓인지 지난 2015년 9급 공무원 원서 접수 비율이 54:1이었다.

무분별한 스펙 쌓기도 이제는 도움이 안 된다. 불과 몇 년 전까지만 해도 이력서를 꽉 채우는 여러 스펙 키우기가 당연시됐다. 이런 분위기는 지금까지도 이어지고 있는데, 정작 일선 기업에서는 이런 쓸데없는 스펙에 대해 점수를 부여하지 않는다. 업무와 연관성이 없기 때문이다.

그럼에도 대다수의 대학생들은 스펙 쌓기에 많은 시간과 비용을 지출한다. 이것은 미래를 위한 투자가 아니라 취업에 대한 불안감 해소와 크게 다르지 않다. 특히 지방에 있는 대학생들의 스펙 쌓기가 그런 성격이 강하다. 다수의 지방대생은 토익 등 어학점수를 올리는 데 상당한 시간과 노력을 투자한다. 어학점수가 높을수록 취업에 유리하다는 그릇된 인식 때문이다.

실제 취업 준비에 있어서 중요한 요인은 △자기를 아는 것 △자기 정체성 확립 △장강점을 활용해 잘할 수 있는 일이 무엇이고 △남들과 다른 자신만의 특징을 내세워 직장에서 할 수 있는 일이 무엇인가에 대해 명확하게 아는 것이다. 이러한 것들은 자기 스스로 오랜 사전 준비 과정을 거쳐야만 할 수 있는 것이다.

이렇게 어렵게 취업을 해도 신입사원 근무 중 1년 이내의 퇴사율이 30%에 미친다. 공부만 하다 보니 사회 분위기에 쉽게 적응하지 못하고, 혹은 쉽게 불만을 갖게 되는 것이다. "내가 이런 일이나 하려고 그렇게 열심히 공부했나" 싶은 생각이 들면 가차 없이 퇴사해 버리는 것이다.

1년 이내 퇴사의 원인으로는, 맡은 일이 본인이 입사 전에 생각한 것과 다르다는 것이 가장 크다. 적성, 보수 문제, 성격, 기업문화 부적응, 대인관계 부족으로 인한 조직의 부적응 등이다. 이렇게 1년 이내 퇴사했을 경우 개인적으로는 여러 가지 심리적 문제가 발생해 사회에 대한 불만족, 가치관 변화, 직업(장)관, 도덕성 결여, 자존감 상실 등의 상처를 받게 된다.

1년 이내 퇴사한 사람은 다른 기업에서 아예 뽑지 않는 추세이다. 쌍방 모두 국가적으로 큰 인력 손실이라 할 수 있다. 물론 자기의 생각과 다른 직장이나 직업을 갖는다는 것은 쉽지 않다. 억지로 직장생활을 계속한다고 하더라도 생산성 저하를 비롯하여 조직에 악영향을 미치게 되고, 대인관계가 원만하지 못한 상황이 연출된다.

한 조사기관의 연구에 의하면, 20대 청년 가운데 절반은 스스로 낙오자가 될 수 있다는 생각을 해본 적이 있는 것으로 나타났다. 낙오자가 될 수 있다는 생각은, 취업난과 비정규직 일자리 등으로 소득이 불안정할 것이라는 두려움과 현재 겪고 있는 주거 빈곤이 앞으로도 지속될 것이라는 불안감에서 기인한다.

그렇다면 이제는 생각을 바꿔보자. 취업률을 높이고 청년 실업 문제를 해결하기 위해서는, 형식적인 진로 교육 방식에서 탈피해야 한다. 자신이 누구인지를 발견하고 이해한 후 적성과 흥미 등을 기반으로 진로 목표를 결정하고, 그 실현에 필요한 자존감을 향상할 수 있는 질적인 교육이 필요하다.

이를 통해 전반적인 인생에 대한 깊이 있는 고민이 생성되고, 행복한 삶이 무엇인지 자신만의 가치 기준이 생겨난다. '광고천재 이제석' 이야기처럼 기업만을 위한 광고가 아니라 도움이 필요한 사람을 위한 광고, 상품뿐만 아니라 정치·경제·사회·문화적 이슈에 대한 광고의 의미가 주어진 것처럼 인생에 의미를 가지고 있어야 한다. 어설픈 삶의 목표, 실현 가능하지 않은 꿈과 이상에 그친 목표 설정은 사치에 불과하다.

먹고살기 힘든데 '저녁 있는 삶'은 사치인가? 들어갈 직장이 없는데 문화생활이 사치인가? 어떻게 사는 것이 행복한 삶인가에 대한 고민이 사치인가? 내가 가는 이 길이 올바른 길인지에 대한 고민은 사치인가? 불확실한 미래에 나 자신을 되돌아보는 것이 사치인가? 야근을 밥 먹듯이 하는데, 가족과 함께 지내고 싶어 하는 것이 사치인가?

행복한 삶이란 실현가능한 꿈과 목표를 가지고 살아갈 때 생기는 것이다. 여러분의 삶에서 명확하고 구체적인 목표는 무엇인가?

4 대기업에 들어가면 평생 행복해질까

전경련 조사에 따르면 500대 기업에서 "상반기 채용 계획을 수립하지 못했다"는 곳이 52%에 달했다고 한다. 이는 청년들이 '괜찮은 일자리'라고 판단하는 직종 진입이 갈수록 힘들다는 것을 의미하지만, 뒤집어 보면 대한민국 취업시장이나 경제상황에 따른 채용 동향이 대기업을 따라가고 있다는 것을 말한다.

실제로 국내 채용시장은, 삼성전자가 우선적으로 채용 계획을 발표하고 이 일정에 따라 먼저 인재를 선택한 이후에야 다음 기업들이 따라가고 있는 상황이다. 또 신입사원 채용시 직무 적성 검사를 도입해 SGAT(삼성직무적성검사)라는 시험을 실시하는데, 다른 대기업도 뒤따라서 하고 있다.

한국 경제는 내수시장이 위축되고, 수출 기업만이 성장을 주도하고 있는 기형적인 구조이다. 많은 내수 기반 기업의 채용이 정체 또는 위축되다 보니 중소·중견보다 대기업 위주의 채용이 채용시장 수요를 주도하고 있다. 그 탓에 대졸자의 대부분이 중소·중견기업보다 대기업 위주의 지원에 쏠리고, 이를 반증하듯 취업 재수, 삼수라는 신조어가 생겨났다.

　　반면 중소, 중견업체는 인력난이라는 아이러니한 현상이 지속되고 있다. 왜 이럴까? 구직자들은 현대차, 삼성전자, LG화학, 기아차 등에 입사하고 싶은 이유로 '높은 연봉'을 꼽았다. 다음으로는 정년 보장 등의 안정성, 의료·육아 등 사내 복지 및 복리후생, 대외적 평판 등 기업 이미지, 정시 퇴근 등 근무 환경, 조직 문화 순이다.

　　하지만 대기업 희망자가 전체 청년의 71%인데 비해 실제 입사자는 13%에 불과하다. 탈락자들이 엄청나다는 말이다. 그럼에도 불구하고 포기하지 않고 대기업 입사를 목표로 취업 재수, 삼수를 하고 있다. 이들이 보는 사회가 과연 정상적이겠는가. 그렇다고 중소기업을 선택하는 것도 선뜻 내키지 않는다.

　　대기업과 비교할 바가 못 되는 낮은 임금과 열악한 근무 환경, 불투명한 미래로 인한 고용 불안 등의 정형화된 사회 인식이 청년들의 발목을 잡는다. 부모의 반대도 한몫하는 분위기이다. 일반적으로 부모의 입장에서는, 어렵게 대학교육까지 시켜 놓은 자녀들이 이왕이면 좋은 환경과 조건에서 근무하기를 바라는 것이 인지상정이다. 그런 부모들의 눈에 중소기업이 들어올 리가 만무하다. 그러다 보니 청년층 취업난으로 인해 나이가 들어서도 부모에게 얹혀서 사는 캥거루족이 급증하고 있다. 부모와 청년들이 모두 자발적으로 경제적 어려움을 겪고 있는 것이다.

취업 준비생들에게 취업에 대한 이야기를 물어보면, 상당수가 직종이나 부서가 아닌 희망 기업을 말한다. 마치 고등학생에게 입학하고 싶은 대학을 물어보면 전공 분야가 아니라 상위 대학 이름을 말하는 것과 유사하다. 더욱이 이들이 알고 있는 기업은 광고에 지속적으로 노출되는 몇몇 대기업에 국한되어 있다.

학교 현장에서 본인이 현재 알고 있는 기업을 써보라는 질문을 던지면, 대부분의 학생들은 대기업의 이름을 적는 데 그친다. 이렇다 보니, 취업 준비도 브랜드 기업을 우선 선정한 후 하는 경우가 많다. 하지만 기업부터 선정하고 지원하는 방법은 실패할 확률이 높다. 이제 취업은 단순한 전략으로는 불가능하다. 적어도 대한민국에서는 그렇다. 단계별로 적정한 준비 기간과 전략이 필수이다. 일단 입사에 대한 기본 생각부터 바꿔야 한다.

이제는 '어느 기업에 취업을 할 것인가'가 아니라 '어떠한 일을 평생 업으로 삼을 것인가'가 중요하다. 이를 위해서는 자신의 능력과 적성을 분석하는 과정이 필요하다. 일반적으로 취업은 기업에 입사하는 것이지만, 그 기업에서 어떤 일을 할지에 대해 우선 설정이 되어야 한다. 즉, 직무가 무엇보다 중요하다는 말이다.

대기업은 배우는 기능이 한정되어 있다. 또한 재직 기간, 즉 수명이 길지 않다. 승진에 누락되고 실적이 저조하면 일찍 퇴직해 '이퇴백'(20대에 퇴직한 백수)이 될 확률 또한 높다. 이뿐일까. 한정된 진급 체계로 임원이 된다는 것은 하늘의 별따기보다 어렵다.

보수가 많다고 하지만, 세금 등을 고려하거나 재직기간이 짧은 것을 감안한다면 많은 것도 아니다. 야근을 밥 먹듯 하고 잦은 주말 근무 등으로 '저녁이 있는 삶'도 누리지 못한다. 대기업에 다니면 위상이 높아지거나 결혼하는 데 유리하다고 하지만, 현실은 그렇지 않다.

우리나라 대기업과 중소기업의 비율을 나타내는 '9988'이라는 말이 있다. 99%가 중소기업이며, 이들이 88%의 고용을 차지하고 있다는 말이다. 중소기업이 국가 경쟁력의 원동력이 되고 있는 것이다. 우리 사회의 보편적 인식은 중소기업은 근무 환경이 열악하다고 보는데, 그렇지 않다. 이런 잘못된 사회 인식을 누가 조장했는지는 차후에 말하도록 하고, 생존성이 길고 안정성을 보유한 중소기업도 상당하다. 아니, 어떤 면에서는 그들이 있기에 대한민국 경제가 움직인다고 봐도 무방하다.

지금의 어떤 대기업이든 어느 순간에는 중소기업부터 출발했다. 우리 주변을 꼼꼼히 살펴보면 괜찮은 중소기업이 많이 존재한다. 기업의 비전과 나의 비전이 함께 갈 수 있는지를 살펴보면 눈에 들어오는 데가 상당하다.

이제 우리 청년들은 산업사회의 신화에서 빠져나오지 못하는 기성세대의 시각을 그대로 자신의 삶에 투여하는 행위를 멈춰야 한다. 남들에게 내세우기 위해 그럴듯한 직장을 찾는 것은 시대에 뒤떨어진 생각이다. 평생 직장이 사라진 이 시대에서 우리에게 필요한 것은 평생 직업이다.

그것은 내가 할 수 있는 일, 좋아하는 일, 가치 있는 일이어야 가능하다. 인생에 있어서 배우자, 직업 및 가치관의 선택이 중요한 것처럼 업의 선택 역시 중요하다. 나는 무엇을 위해 취업하는가? 내 인생의 평생 직업은 무엇인가? 진정으로 나에게 맞는 옷은 무엇인가?

청년은 아이가 아니다. 자신의 물질적인 가치와 정신적인 가치 창출을 위해 어느 곳, 어느 위치에서 공부와 연구를 통해 살아갈지를 스스로 명확하게 알고 있어야 한다. 인생은 생각보다 길다. 일주일 여행을 떠날 때도 적게는 한 달

에서 길게는 1년 동안 계획하는 경우가 많은데, 하물며 인생
이다. 장기적인 설계가 요구되는 시점이다.

　　우리 사회는 솔직히 말해 승자 독식의 구조로 되어 있다. 멀리 볼 것 없이 TV만 틀어도 그렇다는 것을 알 수 있다. 많이 줄어들기는 했지만, 최근에도 TV 예체능 프로그램 중에 유명 연예인들이 자녀와 함께 출연하여 각종 게임 등을 통해 서로를 경쟁시키는 장면을 종종 볼 수 있다.

　　이 같은 현상을 보고 그저 웃고 즐길 수만 없는 것은 이것이 바로 승자 독식의 한 단면이기 때문이다. 연예인 부모를 통해 어린 시절부터 보고 배운 것이 자연스레 재능과 실력으로 연결될 수도 있지만, 상당수는 유명 연예인의 가족이라는 신분이 우선적으로 영향력을 발휘한다. 태어났을 때부터 이미 부여된 성공의 가능성을 나이가 들어감에 따라 당연히 얻어가는 것이다.

　　지난 2015년 4월 국책 연구기관인 한국개발연구원(KDI)의 분석 자료를 보면, 한국의 교육이 '계층 이동의 사다리'로 기능하기는커녕 갈수록 '계층 대물림의 통로'로 활용되고 있다는 진단을 내놓았다. 이 자료를 보면, 우리나라는 더 이상 '평등한 기회가 보장되는 나라'가 아니다. 이 자료는 "타고난 재능과 잠재력이 어려운 환경에 의해 사장되고, 능력이 부족한 상속자가 사회적으로 큰 영향을 미치는 자리에 올라 인재가 적재적소에 활용되는 것을 저해할 경우, 사회 통합은 물론 재원 배분의 효율성, 경제 성장에도 부정적인 영향을 줄 수 있다."면서 교육 정책을 통해 부의 세습을 끊어야 한다고 조언한다.

사실 우리가 안고 있는 이러한 병폐의 상당 부분은 교육에서 비롯됐다고 할 수 있다. 우리나라에서는 교육이 대표적인 신분 상승의 다리 역할을 한다. 과거에는 집안 형편이 어려워도 공부만 잘하면 흔히 명문고, 명문대의 엘리트 코스를 밟거나 고시를 통해 상류계층으로 인생 역전을 이룬 사례가 적지 않았다.

그래서 상당수 평범한 서민들의 부모들도 자기 아이도 노력하면 성공할 수 있다는 것을 믿고 교육에 엄청난 투자를 하기 시작했다. 그 결과 대학 진학률은 세계 최고 수준에 이르게 됐고, 한때는 경제 대국을 위협하는 고성장의 원동력이 되기도 했다.

하지만 이제 그런 시대는 지났다. '개천에서 용 난다'는 말은 옛날이 된 지 오래이다. 지난 2015년 서울대에 합격한 서울의 일반고 출신 중에서 강남·서초·송파 등 '강남 3

구’ 출신이 42.5%에 이른다. 또 2009년에 신규 임용된 판사의 37%는 강남 3구와 특목고 출신이다. 2016년 법학전문대학원(로스쿨) 출신 검사 신규 임용 결과 서울대와 고려대 로스쿨 출신이 전체의 41%에 이르렀고, 연세대와 성균관대를 더한 4개 대학 출신 검사는 전체의 61.5%를 차지했다.

이뿐만이 아니다. 최근 여러 분야에서 사회·경제적 배경이 좋을수록 결과가 좋게 나타나는 경향이 두드러지고 있다. 빈부의 격차가 심해지고, 높아진 교육비 부담으로 양질의 교육에서 소외되는 계층이 늘어나면서 교육의 신분 상승 기능도 점차 쇠퇴하고 있는 것이다. 그에 따라, 노력하면 신분 상승이 가능할 것이라고 믿는 사람도 줄어들고 있는 추세이다.

이런 교육 양극화 현상은 가난할수록 꿈도 가난해지는 세태로 나타나서, 이제 더 이상 서민층에서 상류층으로 올라가는 가능성이 존재하지 않는다는 인식도 확산되고 있다. 특히 젊은 세대일수록 신분 상승의 가능성을 회의적으로 보고 있다.

취업난의 심각성과 취업하더라도 비정규직에서 벗어날 확률이 적으며, 비정규직 중에도 계약직과 일용직으로 구분이 되는 시대에서, 그들이 상류층을 넘본다는 것은 말

그대로 '불가능에 가깝다'는 것을 절감하고 있기 때문이다.

　이런 끝없는 절망에서 지금의 청년들이 온전하게 원하는 것은 취업을 통한 '노동'이다. 그것도 될 수 있으면 정상적인 '노동'을 원한다. 어린 시절부터 입시 위주 교육을 통해 어디에 내놓아도 화려한 스펙을 보유하고 있지만, 이들은 노동의 기회를 얻지 못하고 있다. 또 가까스로 기회를 얻고서도 지나친 노동에 시달려 금방 지쳐버리고 만다. 우리 시대 청년들에게 그릇된 희망을 심어준 것은 과연 무엇인가.

　이런 와중에 대기업 자동차 노조원 자녀의 특혜 채용, 공공기관 임직원 자녀 취업 특혜 논란 등 끊임없이 이루어지는 상류층의 취업 비리는 한번 비정규직으로 시작하면 영원한 비정규직으로 전락하는 청년들에게 삐뚤어진 가치관을 심어주기에 충분하다.

　지금의 취업난은 우리 청년들의 잘못도, 대한민국만의 문제도 아니다. 취업난 및 양극화로 일컬어지는 사회적 현상은 자본주의의 속성인 동시에 정보기술의 발전에 따른 결과라고 할 수 있다. 다시 말해 전 세계적인 현상이라는 것을 인식할 필요가 있다.

과학기술의 발달은 공장의 생산라인에서부터 서비스 분야에 이르기까지 자동화 기계로 대체됐다. 그리고 로봇이 상용화되면서 인간이 할 수 없는 분야를 이들이 할 수 있게 되었다. 최근에는 인공지능 시대로 진입하면서, 상당한 분야에서 인공지능이 인간을 대체해 나가고 있다. 전반적으로 인간의 위치나 업무가 과거와 다른 방향으로 바뀌고 있는 것이다.

여기서부터 우리의 문제가 나타난다. 시대는 변했고 세계는 바뀌었는데, 우리는 아직도 기성세대의 고도성장이나 산업화시대에 만들어진 직업관 및 직업 선택 기준을 버리지 못하고 있는 것이다. 21세기임에도 많은 취업 준비생들이 자신과 적합성에 대한 구체적인 탐색 과정도 없이 다른 사람이 하는 것처럼 스펙 쌓기에 열중하는 경향은, 남들이 어떻게 보는가에 대한 겉치레를 더 중요하게 여기는 것과 다를 바가 없다.

이제 우리는 직업을 선택할 때 자신의 기준을 세워야 한다. 생계 유지를 위한 안정된 임금을 중요한 기준으로 삼을 것인지, 아니면 어떤 일을 통해 나의 가치를 추구할 것인지에 대해 고민을 할 필요가 있다. 다시 말해, 성공이 기준이냐 행복이 기준이냐를 고민하자는 말이다. 물론 시간이 지나면서 이 두 가지가 같이 이루어지는 경우도 있지만, 초기 선택에서는 한쪽이 더 우세할 수밖에 없다는 점을 전제로 하는 것이다.

지금 절망에 빠져 있는 청년들은 향후 20~30년간 한국 경제활동을 책임질 주역들이다. 대한민국의 미래인 것이다. 언제까지 가치관을 뒷전으로 미룬 채 취업 선택을 강요할 것인가. 아주대 김동연 총장은 이런 사회 현상을 두고 젊은이들에게 "계층 이동 사다리를 타려면 반란을 꿈꿔라."라고 말한다. 그는 "지금 우리 사회에는 환경에 대한 반란, 자신에 대한 반란, 사회에 대한 반란이라는 세 가지 반란이 필요하다. 이것은 우리 사회가 지속 가능한 성장을 하기 위해 꼭 필요한 '유쾌한' 반란들"이라고 말한다. 또한 그는 "이 세 가지 반란은, 개인의 성장을 위해 주어진 환경에 굴하지 않고, 스스로 익숙해지는 것을 경계하는 것"이라고 말하며, 사회는 그 같은 노력이 결실을 이루도록 지원할 필요가 있다고 강조했다.

교육 정책 전문가들은 신분 상승을 위한 사다리 기능의 복원을 위해 계층 간 교육 격차를 줄이려는 노력이 선행돼야 한다고 주문한다. 계층 간 격차를 줄이는 것은 기성세대가 할 일이다. 그런데 그것을 기다릴 수 없다면, 우리 청년들의 반란이 필요하다.

"이제 직장을 찾지 말고 직업을 찾아라."

이런 움직임이 커질수록 우리 사회는 반드시 변하게 되어 있다.

　　토익은 이 시대 대한민국 취업 준비생이라면 거의 필수적으로 준비하는 과목이다. 영어에 대한 강박관념은 토익 때문에 온다고 해도 과언이 아닐 정도다. 그런데 아이러니한 것은, 대부분 토익을 준비하지만 정작 그 이유는 불투명하다는 점이다.

　　가장 많은 시간(공부)을 투자하는 것이 토익 공부인데도 대학생들에게 이유를 물어 보면 '그냥 하는 것'이라고 대답하는 경우가 많다. 물론 웬만한 기업들이 입사 시험 때 토익 성적을 필수 조건으로 요구하기 때문일 것이다. 그러니 토익 점수가 합격의 당락을 좌우하는 것으로 생각될 수도 있다.

　　취업 준비생들이 토익 공부에 투자하는 시간과 경비는 만만치 않다. 도서관의 열람실 책상 위에 놓여 있는 토익 관련 참고 도서는 이제는 아주 흔한 풍경이며, 대학 주변의 학원도 대부분은 토익 학원이다. 토익은 대학생들의 취업 준비를 위한 스펙 준비 과정의 필수 코스가 된 것이다.

　　이런 열풍 탓인지 대학에서도 대학 평가 요소 중 '글로

벌'이라는 항목이 있어 대학 교양영어를 대체할 수 있는 것 중에 일정 수준의 토익 점수는 학점 인정으로 대체하는 경우도 있다. 당연히 대학생들이 취업 준비를 위한 사교육비 중 가장 많은 투자가 이뤄지는 것이 바로 영어(토익 포함) 공부다.

문제는 토익 점수가 그리 쉽게 올릴 수 있는 것도 아니며, 짧은 시간 결과를 얻을 수 있는 분야도 아니라는 점이다. 많은 취업 준비생들이 토익 공부에 매달리다 다른 중요한 준비를 놓치는 경우가 많다. 바로 희망 직무 관련 전문교육이나 기업이 원하는 실제 역량 같은 과목이다.

영어는 어찌 보면 하나의 스펙에 불과하다. 업무와 직접적인 관련이 없는 경우가 많다는 것이다. 그럼에도 불구하고 가장 많은 시간과 돈을 투자해야 한다. 부차적인 것이 중요한 것을 압도하는 이상 현상이 팽배해 있는 것이다.

A군은 대학 간판이 중요하다는 부모의 강권에 따라 희망 전공과는 전혀 관련 없는 학과에 진학했다. 하지만 결국 전공에 집중하지 못했고, 전공과는 상관없는 취업 공부에 대학 4년을 다 보냈다.

당연히 성적은 좋지 않았고, 같은학과에 친한 친구도

없었다. 결국 A군은 졸업한 뒤 전공과 무관한 전자제품 수리 서비스 업종에 취업하여 경력을 쌓은 다음, 현재 컴퓨터 관련 자영업을 하고 있다. 사실 A군은 어린 시절부터 손으로 만지고 조작하는 것을 유난히 좋아하여 대학 전공을 기술 분야 관련 학과로 가고 싶어 했다. 하지만 수능 성적은 자신이 입학한 대학 공학계열에는 도저히 입학할 수 없는 수준이었다.

A군은 한 단계 낮춰서 지방 사립대학 공학계열 학과를 지원하겠다고 했으나, 부모가 C대학에 입학해야 한다고 강요하는 바람에 어쩔 수 없이 농학계열에 입학하게 된 것이다. 졸업 후 그는 컴퓨터 수리 및 판매를 하는 자영업을 하고 있다. 그렇다면 그가 보낸 대학 4년은 도대체 어떤 의미가 있는 것일까?

등록금은 등록금대로 들어가고, 취업 공부에 들어간 비용은 또 비용대로 쓰면서 전공과는 상관없는 직업을 택한 것이다. 심지어 학교 간판마저도 그의 인생에 아무런 소용이 없게 되었다. 하지만 정작 A군은 지금이 행복하다고 말한다. 경제적으로 어렵지만, 결국 본인이 하고 싶은 일을 할 수 있어서 다행이라는 것이다.

A군뿐만이 아니다. 고교시절 문과였던 B군은 C대학

농학계열에 입학하여 이과 공부에 많은 어려움을 겪었다. 유전학, 작물재배 관련 생태학 등의 기본 과목에 대한 이해 부족으로 전공 과목의 벽에 부딪힌 그는 막막한 가운데 대학생활을 보냈다. 자존심 때문에 남에게 도움을 요청하지 않았던 B군은 지금도 힘겹게 대학생활을 하고 있다.

대한민국 젊은이들이 겪는 가장 큰 비극은 바로 이것이다. 고등학교 3학년 때 자신의 의지나 재능과는 상관없이 누군가의 권유나 점수에 맞는 대학과 학과를 선택하고, 청춘 시절의 중요한 4년을 그대로 낭비하게 되는 것이다. 선진국 어디에서도 볼 수 없는 이런 낡은 산업시대의 잔재가 21세기인 정보화시대에도 우리 젊은이들의 발목을 잡고 있는 것이다.

좋아하지도 않고 적성에 맞지도 않는 공부를 4년 내내 한다는 것은 그야말로 고역이다. 정말 문제인 것은, 그 학생이 정말 하고 싶어 하는 공부를 못하도록 시간을 뺏고, 결국에는 그런 열정마저 앗아가 버린다는 것이다. 한참 발전해 나가야 할 청춘의 4년 동안 자존감을 무너뜨리고, 무기력감만 안겨 줌으로써 젊은이들이 스스로 가치를 떨어뜨리는 결과를 가져오는 것이다.

그렇다면 부모들이 노래하듯이 입에 담고 있는 유명 대학교가 과연 이 시대에도 취업에 크게 유리할까? 현실은 조금 다르다. 특히 공과대학 전기공학과를 졸업한 경우, 재학생 시절에 조금만 집중한다면, 대학 간판에 상관없이 흔히 말하는 대기업에 취업할 수 있는 기회가 있다.

다른 학생의 예를 들어보자. 다양한 경험을 한다면서 게임 등에 관심이 많던 그는, 졸업 후 중소기업에서 운영하는 게임사업 영업을 하다가 전망이 불투명하다고 판단, 대기업 취업으로 방향을 돌렸다. 하지만 계속 불합격의 고배를 마셔야 했다. 31세가 되자 대기업은 고사하고 중소기업의 신입사원으로 입사하기조차 곤란해졌다. 게다가 전기공학과를 졸업했지만 전기기사 자격증이 없는 관계로 전공 분야로의 취업은 어려운 상태였다. 그래서 우선 전기기사 자격증 공부에 집중하고 있는 중이다.

대기업 다음으로 대학생들의 취업 희망 직종인 공무원의 예를 들어보자. 심각한 취업난과 고용 불안으로 인해 안정적인 직장을 선호하면서 공무원 시험 준비생, 즉 공시족이 최근 10여 년간 급속하게 증가했다. 심각한 취업난을 뚫고 막상 직장에 들어가도 조기 퇴직, 권고 해직 등의 고용 불안이 만연한 사회 현실 탓에 정년이 보장되는 공무원에

목을 매는 것이다. 실제로 대한민국 초등학생의 상당수가 장래 희망으로 적는 직업이 공무원이며, 결혼 상대자의 현실적 선호 직업 1순위로 꼽히는 직업 역시 공무원이다.

그 결과, 2016년 9급 공채시험 지원 비율이 54대 1이고, 2016년 서울시 7급 공무원 시험 경쟁률은 288.3대 1이다. 보편적인 성공 기준에 맞추려고 하는 방식은 아주 낡고 고루한 시각이다. 유럽이나 미국·일본 등지에서는 그 사람의 평가 기준을 직장에 두지 않고 직업에 둔다. 빌 게이츠나 스티브 잡스가 우리나라를 지배하고 있는 산업사회의 낡은 정서에 굴복했다면, 우리는 대학 중퇴생들의 신화가 지구를 좌지우지하는 것을 보지 못했을 것이다.

하지만 우리는 어떤가. 학교에 입학하자마자 평생을 비교당하면서 살아왔고, 그런 탓에 '번듯한', '쓸 만한', '타인이 선호하는' 등의 각종 수식어를 걸고 특정 직장에 목을 매게 만든다. 하지만 정작 대기업에 들어가도 생존하는 인간들은 그리 많지 않다. 오히려 쓸 만한 인재들은 대기업을 탈출하는 경향이 부쩍 심해지고 있다. 개인의 개성과 장점을 고려하지 않는 진로 선택은, 어떤 방식으로든 비극을 만들어낼 수밖에 없다.

취업률을 높이고 청년 실업문제를 해결하기 위해서는

이제 사회에 만연한 낡은 방식의 진로 선택을 탈피해야 한다. 교육이 바뀌지 않는 한 시각은 바뀌지 않고, 우리의 청춘들은 그 낡은 시각에 묶여 계속 괴로워해야 한다. 누가 어떤 권리로 그렇게 하는가?

자신이 누구인지를 먼저 발견하고 이해한 후 자신의 적성, 흥미 등을 기반으로 진로 목표를 결정하는 것이 당연하다. 그것도 사실 쉬운 과정은 아니다. 하지만 적어도 그렇게 함으로써 자존감을 잃지 않고 세상을 당당하게 살 수 있게 된다. 결국, 행복한 인생 설계를 향상할 수 있는 질적인 교육이 먼저인 것이다.

블루오션, 레드오션, 퍼플오션 직업군에 대해 알아보자.

첫째, 블루오션(Blue ocean)은 고기가 많이 잡힐 수 있는 넓고 깊은 푸른 바다를 말한다. 아직 알려져 있지 않은 시장, 즉 현재 존재하지 않아서 경쟁으로 오염되지 않은 분야를 지칭한다. 특정 기업만의 신기술로 제작된 신제품이 경쟁자가 없거나 낮은 경쟁으로 시장을 형성하는 것이다. 이러한 블루오션에 일찍 뛰어들면 밝은 미래가 펼쳐질 수밖에 없다.

물론 이런 블루오션의 경우는, 새로운 시장을 개척해야 하므로 초기에 많은 어려움을 겪게 된다는 단점이 있다. 현재 존재하지 않는 시장에 대해 아는 바도 없고, 성공법도 모르기 때문에 겪게 되는 난관이 있는 것이다. 그러나 구매를 자극하는 새로운 제품 가치를 만들어내기만 한다면, 결국은 이 시장에 들어온 적이 없는 고객들을 새롭게 끌어들일 수 있다.

이런 직업군으로 대표적인 것 가운데 하나가 최근 부상하는 반려견 관련 직무와 직업이다. 또 국내에서 포화 상태에 놓인 일자리를 피해 해외로 눈을 돌리는 것도 하나의 방법이다.

둘째, 레드오션(Red ocean)은 잘 알려져 있는 시장, 즉 현재 존재하는 산업을 말한다. 이미 누구나 알고 있고 보편화되어 포화상태에 놓인 사업이나 시장을 개척해야 하는 경우다. 붉은 피를 흘려야 할 정도로 경쟁이 과도한 경쟁시장을 말한다.

이러한 레드오션 시장은 진출해 봐야 미래가 불투명한 경우가 많다. 많은 사람들에게 잘 알려진 시장이며, 기존의 산업이 대부분 바로 이 레드오션에 속한다고 보면 된다. 레드오션 시장은 산업의 경계가 이미 정의되어 있고, 경쟁 법칙이 만들어져 있는 시장이기 때문에 기업들은 기존 시장 수요의 점유율을 높이기 위해 경쟁사보다 앞서려고 최선을 다해야 한다.

경쟁사들이 많을수록 산업의 수익과 성장에 대한 전망은 어두워지게 된다. 그렇기 때문에 새로운 구매자를 유치하려는 노력 대신, 경쟁 기업이 확보하고 있는 기존 고객을 빼앗아 오는 일에 골몰하는 경우가 많다. 정체된 기존 시장에서 점유율을 높이고자 수단 방법을 가리지 않고 경쟁하는 것이다.

대기업 취업시장도 이와 같은 레드오션의 범주에 든다고 할 수 있다. 대기업에 들어가기 위해 많은 스펙을 쌓아야 하고, 거기다 치열한 경쟁을 치러야 한다. 그리고 입사하더라도 직장생활에서 각종 평가 제도와 성과 연봉제 탓에 쉬지 않고 노력해야 한다. 직장 내 경쟁에서 밀리면 본인의 뜻과 달리 조기에 퇴직을 당한다.

금융권, 보험 등은 자동화 기계화와 인터넷의 발달로 사람이 하던 창구 업무가 줄어들고, 공개된 자료 비교의 가능성으로 경쟁이 심해지고 있다. 그리고 과거에 잘 나가던 의사, 변호사, 한의사 등의 직업은 진료과목에 따라 어려움을 겪고 있어 미래 전망이 불투명한 부분이 늘어나고 있다.

셋째로 퍼플오션(Purple ocean)이 있다. 퍼플오션은 포화된 레드오션 시장에서 새로운 아이디어나 아이템을 적용해 자신만의 새로운 시장을 만든다는 뜻을 가지고 있다. 미래창조과학부와 한국경제신문사가 주최한 〈스토롱(STRONG) 코리아 창조 포럼 2016〉에서는, "현행 교육은 대학 입학률과 취업에만 초점을 맞추고 있지만 점차 대학 졸업장이 필요 없는 시대가 되고 있다"며, 소프트웨어 코딩 교육을 포함한 평생 교육의 필요성을 강조했다.

　김상하 삼양그룹 회장은, 한국 젊은이들은 아직 해보지 않은 일이 많다며 "지금까지 해보지 않은 일에 도전해야 한다"고 조언했다. 그리고 이정원 사단법인 한국창직협회 회장은 저서『창직이 미래다』에서 '남들과 다른 것을 하자', '새로운 일을 하라'고 강조했다. 그는 새로운 직업(직무)을 만들어 일자리를 창출하는 창직(創職 Job Creation)의 한 길만을 걸어온 국내 1호 창직 전문가이다. 그리고 현재 국내 유일의 정부인가 창직 단체인 사단법인 한국창직협회 회장이다.

　그는 1990년대 말 방송과 통신을 융합해 국내 최초로 '인터넷방송전문가'라는 새로운 직업을 만든 뒤, KBS– KT 인터넷방송국과 iMBC 설립 멤버로 참여하는 등 뉴미디어 분야의 새 역사를 써내려가면서 이름을 높였다. 이후 휴대폰으로 TV를 보는 지상파 DMB 추진단장을 맡아서 대규모 국책사업을 이끄는 등 방송·통신의 융합을 통해 새로운 직무와 직업을 만들어내면서 생활을 편리하고 유익하게 바꾸는 역할을 해왔다. 현재 다양한 산업 분야에서 기존에 없던 직업과 직무를 개발해 새로운 일자리를 만드는 잡크리에이터(job creator)이자 퍼스트 무버(first mover)로서 활약하고 있다.

　미래로 갈수록 국가 거시적인 측면에서 기존에 존재

하지 않거나 확대가 필요한 일자리를 창출하는 '창직'은 아주 중요하다. 창직이란 자신의 적성 및 좋아하는 분야에서 창의적인 아이디어를 바탕으로 새로운 직업(직무)을 발굴해, 이를 노동시장에 보급하는 것이다. 또한 스스로 직업을 만들어서 새로운 일자리를 창출하는 창조적 활동으로, 자신의 재능이나 아이디어를 창의적으로 개발해 새로운 부가가치를 형성할 수 있는 프로그램을 보급하는 사람이다.

청년 사회적기업가 박세상 대표는 "하고 싶은 일을 위해 많은 경험을 했다"고 강조한다. 그는 충남대 재학시절 학교 홍보도우미, 창업동아리, 봉사활동에 참여하며 문화 공연을 기획하고 대학가 지역 상가의 상점 쿠폰을 발행하는 등 '아엠 궁'(궁동: 충남대학교 소재지 행정동으로 주변 상가 밀집 지역을 말함) 창업을 통해 학생과 지역 상권을 연결하는 새로운 가치를 창출했다.

그 결과, '지역 상권 살리기' 프로젝트를 성공시켜 장관 표창을 받은 적도 있다. 또한 고향인 전주에서 2012년 '한옥마을을 한옥마을답게 만들자'는 목표를 세우고, 한복 입기 캠페인 기획으로 전주 한옥마을 '한복데이'를 구상하여 한복 열풍 분위기를 만든 사람이다.

박 대표는 한옥마을 첫 한복 대여점 '말순이네'를 열어

시간당 사용료를 받고 한복을 빌려주는 전문점을 만들었
다. 그 후 손님이 몰리자 동종업계가 형성되면서 1년여 만에
대여점이 60여 곳으로 늘어났다. 그는 "한복 전문가가 아
니라 도시 기획자였기 때문에 한복을 대중적으로 해석하기
수월했던 것 같다"며 "예전에는 젊은이들이 한복을 쳐다보
지도 않았지만, 이제는 문화·놀이·파티·여행 등 확장된 개념
으로 접하고 있다"고 했다.

　　우리는 보편적이고 일반적인 틀에 묶여 문제의 해결
을 멀리서 찾으려고 한다. 하지만 해답은 생각보다 간단하
다. 새로운 직업에 관심을 기울이면 되는 것이다. 나아가 자
신에게 맞고 가치 창출을 할 수 있는 직업을 선택하면 된다.
우리나라의 직업 종류는 1만 2천여 가지다. 미국은 3만 종
이니 그중 2만 가지는 우리나라에 없는 직업이므로 이들 가
운데 블루오션이나 퍼플오션이 있을 수 있다. 따라서 직업
과 산업의 트렌드 등 글로벌 트렌드를 살피고 미래를 전망
해 보는 노력이 중요하다.

　　우리는 남들과 비교당하는 것에 익숙해지면서 살아
왔다. 하지만 앞으로는 남이 아니라 지금의 자기 자신과 경
쟁해야 하는 때가 올 것이다. 그러니 자신이 생각하는 행복

과 성공의 기준이 무엇인지 가치 기준에 대하여 따져 보고 인생의 목표를 정할 필요가 있다.

우리는 평생 한 번은 창업이나 창직을 해야 하는 시대에 살고 있다. 때문에 자신에게 맞는 아이템을 개발하여 창업, 창직 등 새로운 분야에 도전해 볼 필요가 있다. 경쟁이 치열한 레드오션 시장에서 성과 없이 힘만 빼는 일은 그만두어야 한다. 그리고 경쟁자 없는 자신만의 새로운 시장을 개척해서 좋아하는 일, 잘할 수 있는 일, 가치 있는 일을 찾는 것이 새로운 블루오션, 퍼플오션 전략이다. 그것만이 이 시대를 살아가기 위해 우리에게 남은 유일한 길인지도 모른다.

Chapter 02

직장 간판이 아니라 역할로 삶을 바꿀 때

"

자신이 좋아하고, 가장 잘할 수 있는 일을 찾아야 한다.

평생 해온 일이 그 답일 수도 있고,

전혀 새로운 분야에서 자신의 재능을 발견하게 될 수도 있다.

조금 시간이 걸리더라도 정말 자신이 좋아하는 일을

오래도록 할 수 있는 길을 찾는 것이

무엇보다도 중요하다.

"

1 스펙 쌓기에 매달리는 사람들

우리가 살고 있는 21세기 대한민국은 스펙 공화국이라고 해도 과언이 아니다. 지금보다 더 나은 쪽으로 신분을 이동하기 위해서는 기본적으로 필요한 자격 사항들, 즉 스펙이 있어야 하는 사회가 된 것이다. 하지만 스펙은 사실 우리가 살아가는 데 별다른 도움이 되지 않는다. 그런데도 젊은이들은 무작정 스펙을 쌓아야 한다는 강박관념에 시달리고, '묻지 마' 식으로 스펙 쌓기를 위해 줄을 서는 것이 현실이다.

취업 준비생들은 취업에 필요한 스펙을 쌓기 위해 학원에 다니거나 자기계발 프로그램에 수없이 참여하고, 직장인은 승진이나 경력 개발을 위해 끊임없이 자신을 채찍질한다. 강사 전문 취업포털인 '강사닷컴'이 전국 20대에서 60대까지 남녀를 대상으로 실시한 설문에 의하면, 최근 1년간 학원을 다니거나 온라인 교육을 수강한 경험이 있는 비율은 56.3%로 나타났다고 한다. 하지만 이런 교육을 통해 취득한 자격증 혹은 수료증이 고용 보장에는 별로 도움이 안 된다는 것이 조사 결과로 나타났다. 그럼에도 너무도 많은 사람들이 스펙 쌓기에 많은 시간과 경제적 투자를 하고 있다. 일종의 사회적 병리 현상처럼 되어가는 것이다.

『퇴근 후 2시간』의 저자 정기룡 씨는 막연한 자기계발에 대한 문제점에 대해 날카롭게 지적한다. 그는 대전 중부경찰서장으로 정년퇴임한 후 미래현장전략연구소를 설립하고, 현재 은퇴 설계와 행복한 노후에 대한 각종 강연과 자문 활동을 하고 있다. 데일 카네기 연구소 리더십 전문 교수이고, 경찰공무원, 중앙경찰학교, 보건복지부 연수원, 인재개발원, 대전교육청, 국가인권위원회 외에도 다수의 기관에서 강연하고 있다.

그는 "퇴직 준비는 최소한 퇴직하기 10년 전부터 시작하라"고 조언한다. 그 10년 동안 자신의 적성과 스타일을 객관적으로 파악하고, 파악한 내용에 대해 실습까지 병행해 보아야만 비로소 순조롭게 퇴직 후의 사회로 나아갈 수 있다는 것이다. 그래서 그는 퇴직 후 생활에 대해 인턴사원의 마음으로 밑바닥부터 배우는 자세가 필요하다고 한다.

가장 우선시되는 것은, 자신이 좋아하고 가장 잘할 수 있는 일을 찾는 것이다. 평생 해온 일이 그 답일 수도 있고,

전혀 새로운 분야에서 자신의 재능을 발견하게 될 수도 있다. 조금 시간이 걸리더라도 정말 자신이 좋아하는 일을 오래도록 할 수 있는 길을 찾는 것이 무엇보다도 중요하다.

그는 "퇴근 후 두 시간 동안 무엇을 하면 좋을까요?"라는 질문에 대해, 자신의 일을 갖기 원한다면 이왕이면 현재 자기가 하고 있는 일, 다니고 있는 직장과 관련 있는 분야에서 일을 찾되, 거기서 한 걸음 더 나아가 자신을 업그레이드 할 수 있는 일을 배우라고 권장한다. 요즘 주말에 자기계발을 위해 이곳저곳 찾아다니는 샐러리맨들을 가리켜 '샐러던트(saladent)'라고 부르는데, 직장에 다니며 공부한다는 뜻으로 '샐러리맨(salaryman)'과 '스튜던트(student)'의 합성어이다. 자기계발을 통해 승진이나 이직 혹은 은퇴 설계를 꾸준히 준비하는 이들을 가리키는 용어이다. 이들처럼 자격증이나 수료 과정들을 열심히 찾아다니며 참가하는 것이 유행처럼 번지고 있다.

하지만 그런 과정들이 그들의 인생에서 중요한 의미를 가질 수 있을까 하는 의문이 든다. 그저 현실에 대한 막연한 불안감과 불만족을 대신 채우기 위해 그런 프로그램을 찾아다니는 것이 아닌가 하는 의구심이 드는 것이다.

실제 우리 주변에 있는 유명한 고시학원가에 가보면

자격증·어학원·지차제의 평생교육 프로그램이 즐비하고, 대학들도 평생교육원을 운영하고 있고, 사이버 대학을 비롯해 사이버 교육을 통해 각종 민간 자격증을 준비하는 교육 프로그램이 넘쳐난다. 사람들은 이런 프로그램을 수료하기만 하면 당장 취업이 되고, 경제적인 소득이 보장될 것 같은 유혹에 빠진다.

우리 경제는 최근 몇 년간 고용 없는 성장으로, 일자리는 부족하고 사람들이 선호하는 직업은 부족한, 미스매치 현상이 갈수록 심화되고 있다. 여기에 고령화사회가 가속화되면서 저성장과 고령화라는 두 가지 난제가 우리 사회의 발목을 묶어 두고 있다. 취업하기는 날로 어렵고, 그나마 비정규직으로 저임금이 일반화된 사회에서 젊은이들은 앞으로 어떻게 살아가야 할지 고민에 빠질 수밖에 없다.

'꼭 유명 대학에 입학하고 대기업에 취업해야만 잘살 수 있는가?' 지금은 치열한 경쟁 속에 잘 버텨 나가지만, 가까운 미래에 없어질 수 있는 직업을 '레드오션'이라 한다. 결국은 경쟁자들이 바글대면서 얻어질 수 있는 것들이 줄어들기 때문이다. 실제로 지금도 우리 주변에서 과거에 호황을 누리던 의사, 변호사, 한의사, 은행원 등의 직업군이 어려운 현실에 직면하는 경우를 쉽게 볼 수 있다.

세계 1위를 자랑하던 조선업계가 구조조정에 내몰리고 있는 것을 보면, '세상에 영원한 것은 없다'는 금언을 절감하게 된다. 더욱이 가까운 미래에는 인공지능의 발달로 인해 전문직이 하는 일마저도 기계가 대신하는 사태가 벌어질 것이다. 이런 복잡한 세상에서 살아남기 위해서는 나만의 특기나 재능을 발휘할 수 있는 직업이 중요하다. 직장이 아니라, 직업이다! 공부를 잘하는 것이 중요한 것이 아니라 내가 하고 싶은 일로 돈을 버는 것이 중요한 세상인 것이다.

자동차 산업의 경우, 이제는 전기 자동차가 대세가 되었고, 무인 자율 주행 시대도 멀지 않았다. 그에 따른 산업 및 직업의 변화가 예고되어 석유 수요가 줄고 전문 운전직은 사라질 가능성도 있다. 드론도 새로운 흐름의 일부분이다. 막연히 취업을 위해 불필요한 스펙 쌓기로 시간을 보내고 있다면 지금 당장 멈추는 것이 좋다.

중견·중소기업에 취업하면 대기업보다 상대적으로 생존을 위한 걱정을 할 필요가 없고, 혹독한 경쟁에 내몰리지 않을 수 있다. 복지나 처우, 지명도는 떨어지지만, 가족적인 분위기의 유망한 작은 회사들은 요즘도 일할 사람을 구하지 못해 인력난이 심각하다. 작은 회사는 일을 빨리 배울 수 있고, 본인만 열심히 하면 어렵지 않게 부각되는 이점이 있다. 이러한 이점을 살린다면 나중에 창업을 할 때도 중소기업 출신이 상대적으로 유리할 수 있다.

이제 보여주기 식의 스펙이나 자격증 따기에 매달리는 풍조는 바람직하지 않다는 점을 깨닫자. 현장 경험과 실제로 적용할 수 있는 능력이 가치 있는 것이다. 어떤 자격증이 취업에 유리한가가 아니라, 자신에게 꼭 필요한 안성맞춤식 공부가 무엇인지 파악하고, 분명한 목표를 설정하는 것이 바로 진정한 스펙이다. 많은 우물을 얇게 파는 것은 성공의 지름길이 아니다.

막연한 자기계발은 자신의 능력을 키우는 것이 아니라 자기 학대이다. 자신의 적성에 맞고 미래에 대한 자신의 가치를 추구하는 데 도움이 되는 자기계발이야말로 미래를 바꿀 수 있는 원동력이 된다.

미래를 99% 맞추는 기계가 있다고 하자. 거기에 한 청년이 미래를 묻자, 꿈을 좇다 노숙자로 전락한다는 이야기를 듣는다. 여기서 사람은 두 가지로 갈린다. 하나는 기계의 예언에 따라 꿈을 포기하고 다른 미래를 찾는 사람이다. 또 다른 하나는 "내가 왜 기계가 말하는 99%에 따라가야 하는 거지? 난 나머지 1%가 될 거야!"라고 반발하는 사람이다.

여러 사람에게 똑같은 일이 주어졌다고 해도 나타나는 결과는 똑같을 수 없다. 동일한 조건과 시간이 주어졌다고 해도 개개인의 능력과 재능, 집중도, 당시의 컨디션 등 온갖 변수가 존재하기 때문이다. 기계가 아니라 인간이기 때문에 동일한 결과를 반복적으로 낼 수 없는 것이다. 그래서 우리는 평균점이라는 것을 예측한다. 다섯 과목의 평균이 70점이라면, 이 중에는 만점인 100점도 있지만 50점 미만도 있을 것이다.

모두가 아는 이 간단한 현실적 논리가 정작 사회라는 큰 틀에서는 용납이 잘 안 된다. 어떤 기업의 특정 부서에서 전임자가 50점을 얻었다면, 후임자는 50점까지는 도달해야 한다. 그렇지 않으면 무능력한 사람이라는 평가를 받기 쉽다. 그 부서의 업무가 그 사람의 적성과 맞는지 여부는 회사로서는 크게 상관할 바가 아니다. 그 인력이 그 자리에서 제 역할을 하는지에 대한 판단의 기준은, 일차적으로 전임자와 비교했을 때 업무 능력이 떨어지느냐 아니냐일 뿐이다.

나와 대학의 취업 상담 부서에서 함께 근무하던 김정권 팀장(현재 광운대학교 교수)은 기획력이 우수한 사람이었다. 그는 당시로서는 다소 획기적인 대학생 취업 역량 강화 프로그램을 검토하고 이를 도입했다. 그 프로그램은 졸업생에게 취업 관련 도움이 필요한 시기를 기점으로 하여, 기존의 취업 프로그램과 연계한 새로운 아이디어를 접목한 것이었다.

상당히 참신했던 그 프로그램은 노동부에서 주관하는 〈대학취업지원기능확충사업비〉 신청에서 전국 대학 중 최대 사업비를 받는 프로젝트로 선정되었다. 덕분에 우리는 졸업생 취업률을 올리는 데 박차를 가할 수 있게 됐다. 평상시 내가 본 그는 인문학적인 사고로 글쓰기를 좋아하며, 업무의 맥락을 잘 찾았고, 적극적인 성격이었다. 그런 그가 작성한 기획인 만큼 참신하면서도 상당히 논리적이었다. 실제로 그와 작업을 해보면, 어떤 상황이든 글과 그림으로 맥락을 잘 표현하는 탁월한 능력에 감탄할 때가 많았다.

한편 그와는 다른 방향으로 일을 잘하는 이은철 팀장(현재 취업 관련 컨설팅 사업 운영)이 있었다. 그는 주어진 역할에 집중하여 업무를 성실하게 수행하는 스타일이었다. 그는 학생을 직접 만나 세심하게 지도하거나 상담하는 것을 좋아했다. 그래서 그에게는 주로 학생을 개인적으로 상담해 주는 역할이 맡겨졌다. 자신의 재능과 잘 맞아떨어졌는지 그는 그 일을 훌륭하게 소화해 냈다. 같은 조직 내 팀장끼리도 여러 면에서 조화를 이루는 성격이었다. 그는 다른 사람과 불협화음이 거의 없었다.

이들 두 팀장과 일할 당시를 떠올리면, 업무의 양은 많았지만 '팀워크'라는 것이 얼마나 중요한지 실감할 수 있는 시기였다. 그 때문에 우리는 당시를 스스로도 '취업 르네상스'라고 부를 정도이다. 두 사람을 비교하면 재능과 특성이 확연히 달라서, 한 사람은 적극적인 성격으로 대외 활동을 잘했고, 다른 한 사람은 학구적이어서 내부 관리나 지원 기능을 잘하는 특성이 있었다.

나는 그 두 사람의 재능에 맞는 역할을 배분했다. 즉,

업무에 각자의 재능을 우선시해서 조정했더니 매우 만족스러운 결과가 나왔던 것이다. 개인이든 조직이든, 분명한 목표가 있고 없고의 차이는 크다. 조직의 존재 이유와도 직결된다. 그리고 그 목표를 이루기 위해서는 조직 구성원 간에 자원과 자질, 정보를 적절하게 공유하는 것이 필요하다.

조직원들이 목표의 본질을 이해하고 공유하면서 적극적으로 업무에 임하는 조직은 능률과 성과를 쉽게 올릴 수 있다. 개인의 발전과 조직의 발전이 서로 맞아떨어졌기 때문이다. 자신이 맡은 분야에 뛰어난 재능을 가진 사람들이 모여 조직의 능률을 극대화시키는 것이다.

물론 재능과 노력, 경험이 겹쳐지면서 나오는 것이지만, 일하는 사람의 적성과 일하는 분야가 서로 맞아떨어질 때 나오는 시너지 효과는 보너스 점수를 안고 경기에 임하는 것과 같다. 개인이 가진 재능과 소질은 서로 다르다. 그리고 주어진 역할에 대한 만족감, 주인정신, 주변 상황, 감정 상태 등 여러 변수들이 작용한다. 문제가 발생했을 때, 이를 해결하는 스타일도 다르다. 이런 다양한 변수들 때문에 당연히 다른 결과가 나오는 것이다.

같은 일도 임하는 각자의 마음가짐과 직분에 따라 다르게 나타날 수 있다. 일을 지시하는 지도자의 역량에 따라서도 다른 결과가 나타난다. 인력 배치를 어떻게 하고, 조직원 간에 역할과 책임을 어떻게 배분하는지에 따라 현저히 다른 성과가 나타날 수 있는 것이다. 즉 변수는 얼마든지 있다.

하지만 기업의 규모가 커질수록 이런 변수들이 무시되기 쉽다. 개인의 재능과 능력보다 기업 전체의 효율성을 우선시하는 것이다. 전체의 효율성을 우선시하다 보니 개인의 개성이 소홀히 취급되는 것이다. 이런 경우, 개인에 대한 평가의 기준은 서류상으로 나타나는 능력이 전부가 된다. 그렇기 때문에 규모가 작더라도 각자의 재능과 개성을 존중하는 회사에서 일하는 것이 능력을 발휘하기 쉬울 수 있다.

자신의 적성에 맞는 일을 하게 되면 스스로의 보상심리를 충족시키기 쉽다. 여기에 열정이 추가되면, 발전에 대한 강한 욕구까지 불러일으킨다. 회사의 CEO가 볼 때는 이런 직원이 정말 소중한 인재이다. 또 개개인의 입장에서 이런 도전적인 업무 태도는 각자의 삶을 즐겁고 활기차게 만드는 활력소가 된다. 업무가 각자에게 자신감을 부여해 주고, 그 자신감이 또 다른 발전의 동기를 만드는 것이다. 이런 식으로 긍정적인 순환의 가능성이 높아지는 것이다.

복잡한 사회일수록 단순한 것이 더욱 빛날 때가 있다. 직장을 선택함에 있어 너무 많은 것을 고민하지 말자. 다음의 두 가지에 집중하자.

"내가 잘할 수 있는 일인가?"

"내가 좋아하는 일인가?"

이 두 가지 질문에 대한 답이야말로 직업을 선택하는 출발점이 되어야 한다. 만약 이 질문에 대한 답을 찾았지만 그에 맞는 적당한 직장이 없다면, 그런 직업을 자신이 만들면 된다. 창직을 하는 것이다. 직업을 만드는 것이 우리가 사는 정보화사회에서는 결코 낯선 일이 아니다. 결국 직업도 나의 행복을 위해서 갖는 것 아닌가. 직장이 주는 보수로 행복을 누리던 산업화시대는 이제 지났다. 이제는 각자의 재능과 적성에 맞는 직업을 찾는 시대가 되었다.

사회로 나오기 전 혹은 사회에 나왔더라도 아직 자신에 대한 정체성이 정립되지 않았다면, 그 어떤 일을 하더라도 만족을 찾기는 힘들다. 토머스 에디슨은 "불안은 불만이며, 불만은 발전을 위한 필수적인 요소이다."라고 했다. 아마도 불안과 불만으로 가득찬 환경에서 자신을 되돌아보는 성찰의 시간을 가질 수 있기 때문일 것이다.

　불안과 불만은 얼핏 보면 같은 것 같지만 다르다. 변
화에 대한 두려움 때문에 생기는 것이 '불안'이라면, '불만'
은 변하지 않는 데서 생기는 것이라고 할 수 있다. 그렇다면
이 가운데서 여러분이 우선적으로 선택하고 해결해야 할 것
은 무엇이라고 생각되는가? 기존의 흐름을 따라갈 것인가?
아니면 새로운 흐름을 주도할 것인가? 사회에 나가기 전 이
러한 질문에 대한 답부터 확고히 내리는 것이 필요하다. 그
답을 얻는 바로 그 순간이 여러분의 진정한 출발점이 될 것
이다.

직장보다 직업

3 　삶의 기준을 자신에게 맞추라

　　인생에서 행복한 날과 그렇지 않는 날, 혹은 불행한 날들을 정리해 보면 그 비율이 어떻게 될까. 우리는 대부분 행복을 추구하며 산다. 하지만 현대인들에게 "지금 행복하십니까?"라는 질문을 던지면 많은 사람들이 긍정적인 답을 내놓지는 않는다.

　　행복의 정의가 각기 다르고 추구하는 바도 차이가 있겠지만, 우리가 살고 있는 지금 시대의 대한민국이 기회의 평등이나 신분 상승의 가능성, 또는 가족을 이룰 수 있는 기본적 환경이 제대로 갖춰져 있지 않다고 생각하는 사람들이 늘고 있기 때문이다.

　　우리가 처한 상황을 비하하는 '헬 조선' 등의 신조어가 유행할 정도로 우리 사회는 심각한 불안, 갈등, 불균형, 분열 상태에 놓여 있다. 그렇다면 이처럼 우리 사회의 많은 구성원들이 불안과 불만을 갖게 된 근본적인 원인은 무엇일까. 많은 청년들이 학교를 졸업하면 곧바로 살벌한 취업 전쟁으로 내몰린다. 대기업, 공기업, 공무원 시험을 통과하기는 바늘구멍만큼 어렵다. 지극히 한정된 인원만 그 문을 통과하게 되고, 나머지 대부분의 청년들은 아르바이트나 비정규직으로 내몰린다.

장기적인 경제 불황은 우리가 누려야 할 기본적인 생활조차 불가능하게 만들고 있다. 소비는 극과 극으로 치달아 모두가 저마다 불공평하다고 생각하는 세상이 되었다. 그것이 지금 우리가 살고 있는 대한민국이다.

중소기업은 중소기업대로 인력난으로 어려움을 겪고 있다. 근본 대책 가운데 하나로 제기된 경력단절여성, 재취업자, 베이비부머세대, 시니어들을 위한 일자리 창출은 제자리를 맴돌고 있다. 곳곳에서 인력이 남아돌지만, 이를 소화할 구체적 장치는 애매하거나 부족하다. 당연히 소득 격차로 인한 부익부 빈익빈 현상은 가속화되고 있다.

청년뿐만 아니라 대한민국 경제를 지탱하는 중추라 할 수 있는 샐러리맨 층도 흔들리고 있다. 계속되는 경제난으로 실직의 위기가 상시 도사리고 있고, 물가인상률 대비 연봉은 제자리걸음이다. 설령 실력을 인정받아 조직 내에서 성공하더라도 안심할 수 있는 처지는 아니다. 과거에 비해 길어진 수명, 불안정한 경제 환경, 부모와 자녀 부양까지 생각하면 앞길은 암담하다.

이런 현상은 시간이 지날수록 더욱 심각해지고 있

다. 어느 신문사에서 직장인을 대상으로 실시한 조사에 따르면, 회사생활에 대한 만족도를 묻는 질문에 '보통'이라고 답한 사람이 41.5%로 가장 많았고, '만족'(24.7%), '불만족'(22.2%), '매우 불만족'(8.6%), '매우 만족'(3.0%) 순으로 나타났다. 회사생활에 만족하지 못하는 가장 큰 이유는 '적은 월급'(31.2%)인 것으로 나타났다. '업무 시간 및 강도'(29.9%) 때문이라고 답한 사람이 그 다음으로 많았다. 그 뒤를 이어 '조직문화'(19.5%), '복지제도'(7.1%)가 불만의 이유로 꼽혔다. 전체 응답자 중 현재 월급에 만족하지 않는다고 답한 사람은 77.9%로 큰 비중을 차지했다.

또 직장인들이 현재 받는 월급과 앞으로 희망하는 월급의 차이도 상당하다. 응답자 중 가장 많은 23.2%가 '150만~200만원'(세전 기준) 사이의 월급을 받는다고 답했고, 21.2%는 '200만~250만원'으로 비슷한 비중을 보였다. 그 다음은 '250만~300만원'(14.6%), '300만~350만원'(13.3%), '100만~150만원'(11.0%), '350만~400만원'(5.5%), '400만~450만원'(4.2%), '450만~500만원'(3.4%), '500만원 이상'(3.3%), '100만원 미만'(0.3%) 등이다.

이들이 희망하는 월급은 '200만~250만원'(19.9%)이 가장 많았고, 그 다음으로 '250만~300만원'(19.5%)이 많았다. 그 뒤를 이어 '300만~350만원'(14.9%), '500만원 이상'(12.7%), '350만~400만원'(12.6%), '400만~450만원'(7.8%), '150만~200만원'(6.4%), '450만~500만원'(5.5%), '100만~150만원'(0.5%) 등으로 나타났다. 현재 월급보다 희망 월급이 한 단계 정도 높음을 알 수 있다.

이 설문에서 알 수 있는 또 하나 중요한 현상은, 회사 생활에서 적은 월급이 불만 사유의 전부가 아니라는 사실이다. 장기 비전과 업무의 성격도 불만의 큰 요소로 나타났다. 현재 회사생활과 맡은 업무에 만족하지 않는다면, 가장 큰 이유가 무엇이냐는 질문에 대해 많은 응답자가 '회사나 개인의 앞날에 비전이 없다'는 점을 들었다.

구체적으로는 '회사의 미래가 불안하다', '개인적으로 성장하지 않는 느낌이다', '앞으로 발전이 없을 것 같다'고 대답했다. 기타 의견 중 대부분을 차지하는 답변이 업무 내용과 관련됐는데, '업무 체계의 비합리성', '월급에 비해 심한 업무 과중', '적성에 맞지 않는 업무 영역', '직무와 다른 업무', '프로젝트의 번복' 등의 불만이 제시됐다.

조사에 등장하는 어떤 직원은 이직을 준비 중이라고 하며 이렇게 말했다. "월급을 적게 받는 편이 아님에도 회사를 그만두겠다고 결심한 건, 개인의 가치를 인정하거나 존중하지 않는 조직 내 관습을 혼자 힘으로 바꿀 수 없다고 생각해서"라며 "현재의 직장이 10년 후를 보장해 주지 않는 시대에서 생존하려면, 현실에 안주하기보다 변화가 빠르고 미래 지향적인 조직에서 일하는 게 낫다고 판단했다"고 말한다.

물론 누구나 만족하는 세상이란 인류가 역사를 가진 이례로 없었다. 개인이나 집단 등 어느 사회에서도 불안과 불만은 늘 있어왔다. 그중에서도 개인의 경우, 미래에 대한 준비되지 않은 두려움과 이로 인한 불안감이 현실을 피폐하게 만드는 경우가 많다.

우리가 살아가는 현대사회에서는 이러한 불안이 더 커지고 구체화되면서 불안의 범위 또한 더욱 넓어졌다. 솔직히 말해서 우리는 불평등한 시대에 살고 있다. 불완전한 채용제도에서 발생되는 스펙 중심의 현상이 우리 사회를 병들게 하고 있는 것이다. 어느 기관의 조사에 의하면, 부모의 경제적 지위가 높을수록 '취업에 자신이 있다'고 답한 비율이 높았다. 부모의 경제적 지위가 중상급 이상이라고 답한 경우, "내가 열심히 한 만큼 스펙이 생긴다"고 자신감을 드러냈다고 한다. '중하급 이하'라고 답한 이들 중에서는 "아르바이트를 하느라 학점이나 스펙을 챙길 수 없었다",

"좋은 스펙을 만들려면 부모님의 지원이 필요하다" 등의 대답이 나왔다.

각종 정책의 비현실성과 불만으로 일어나는 현상, 소속감이 없는 데서 느끼는 사회적인 박탈감 등 우리 시대의 청년들은 희망을 배우기 전 절망을 미리 깨닫고 출발한다. 그러나 생각을 조금만 바꾸면 길은 열린다. 어차피 불공평한 싸움이라면, 왜 그런 전장에 스스로 나서려고 하는가. 취업을 하기 전에 먼저 자신에 대해 고민을 해보자.

'나에게 행복은 무엇인가?'

'의미 있게 살기 위해서 어떻게 해야 하는가?'

'살아가는 가치의 기준을 무엇에 둘 것인가?'

4 안전지대에 안주하는 삶

영화「쇼생크 탈출」의 포스터에는 "두려움은 너를 죄수로 가두고, 희망은 너를 자유롭게 하리라."는 말이 적혀 있다. 오래된 영화지만 우리 시대 청년들에게 충분히 공감을 주는 말이다. 어떠한 환경에서 길들여지고 사육되는지 여부에 따라 그 사람이 보여주는 사회성은 현격한 차이를 드러낸다.

「쇼생크 탈출」의 줄거리를 짚어보자. 촉망받던 은행 부지점장 앤디는 아내와 아내의 내연남을 살해한 혐의로 종신형을 선고받고 쇼생크 교도소에 수감된다. 강력범이 수감된 이곳에서 재소자들은 짐승 취급을 당하거나, 간수 눈에 잘못 보이면 죽음을 당할 수도 있다.

감옥 생활에 적응하지 못하던 앤디는 우연히 간수장의 세금 면제를 도와주며 감옥 내 비공식 회계사로 일을 하게 되었다. 그러면서 조금씩 희망을 찾으려 하지만, 이내 좌절당하는 일이 반복된다. 앤디는 감옥 생활에 길들여져 가면서도 끝까지 희망을 놓지 않는다.

앤디는 살인범으로 수감되어 어렸을 때부터 감옥에

서 지내게 된 친구인 레드에게 가석방이 되면 바깥세상에서 희망을 갖고 살자는 제안을 한다. 그 말에 레드는 이렇게 답한다.

"난 바깥세상에서 살 수 없을 거야! 거의 평생을 감옥에서 살아서."

"나는 길들여졌어."

"여기선(감옥) 뭐든지 구하지만 바깥에서는 다르지, 세상이 바뀌었으니. 나에게는 이뤄질 수 없는 꿈이야."

그렇게 스스로를 포기한 레드는 아이러니하게도 가석방이 된다. 레드는 슈퍼마켓에서 일을 하던 중 지배인에게 화장실에 다녀와도 되냐고 물었다. 그 말을 듣고 당황한 지배인은 "왜 그런 것을 물어보느냐? 다음부터는 알아서 하라."고 핀잔을 준다. 레드는 소변을 보면서 "신체의 생리적인 현상도 사전에 허락받지 않으면 작동이 되지 않도록 나는 길들여져 있다."라고 독백한다.

심리학자들은 "사람이 어떠한 환경 속에 장기간 적응이 되어 그것이 습관처럼 굳어질 경우, 여기서 나오는 행동을 바꾸는 것은 매우 어렵다"고 말한다. 우리 사회에는 '더 많이', '더 좋게', '더 빨리'와 같은 비정상적인 분위기가 자리를 잡고 있다. 기업에서는 '더 적은 인원으로 더 많은 성과를 내자’는 분위기가 팽배하다.

　사람들이 많이 투입되면 대부분 원래 예상보다 빨리 일을 마무리하고, 나아가 성공적으로 일을 마칠 확률이 높아진다. 하지만 지금 우리는 그럴 처지가 못 된다. 인건비를 줄이기 위해 온갖 잔인한 장치가 작동되고 있다. 기업뿐만 아니라, 국가 차원에서도 마찬가지이다. 일선의 근로자들은 사람을 줄이면 업무량도 줄여야 한다고 볼멘소리를 하지만, 그럴 때마다 돌아오는 답은 ‘가당찮은 소리’라는 비웃음이다.

　그리고 ‘지금 당신의 자리로 들어가기 위해 얼마나 많은 이들이 노력하고 있는 줄 아는가? 배부른 소리하지 마라!’는 압박도 은연 중 듣게 된다. 그런 분위기 속에서는 아무리 혁신과 변화가 필요하더라도 쉽게 입을 열지 못한다. 입을 여는 순간 감수해야 할 다른 세상이 두렵기 때문이다.

　〈데일 카네기 코스〉에서는 이런 심리상태를 ‘안전지대’라고 규정한다. 안전지대란 ‘우리가 살고 있는 정신적 거주지’로, 현재 상황이 편안하기 때문에 이를 벗어나기 싫어하는 심리를 말한다. 그것이 불평등하고 자신의 미래 가능성을 좀먹는 것이라는 사실을 알지만, 안전이라는 달콤함에 빠져서 서서히 길들어가는“ 것이다.

우리가 무엇인가 새로운 것을 받아들이는 데는 태도, 지식, 연습, 기술이라는 4단계 '자기계발 사이클'이 존재한다. 이 가운데서 '태도'는 가장 중요한 단계로, 수용하는 당사자에게 그것을 받아들일 필요성에 대해 합당한 근거가 제대로 만들어져야 한다. 두 번째가 '지식'인데, 받아들일 대상에 대해 올바른 생각, 즉 책이나 여러 가지 수단을 통한 정보 획득이 이루어지는 단계이다. 교육 과정도 이 단계에 포함된다. '연습'은 이런 교육을 통해 받아들인 지식을 반복적으로 실천함으로써 이를 몸으로 체득하는 단계이다. 이렇게 습득한 정보는 결국 '기술'로 자리를 잡고, 완전하게 습득한 사람의 것이 된다. 이처럼 변화란 끊임없는 노력을 통해 이루어진다.

안전지대는 지금까지 내가 살아온 노력으로 이뤄낸 공간이다. 당연히 여기서 영위하는 삶은 내가 누려야 할 삶이다. 하지만 이 안전지대가 나 자신의 미래를 좀먹거나 나의 사상을 가두고 현실을 비참하게 만든다면, 그것은 더 이상 안전지대가 아니다. 먹고살기 위해서 어쩔 수 없이 끌려가는 순간, 인생은 자신의 온전한 인생이 아니라 사육이다. 그것은 불행과 도태의 시작이다.

인간은 자신의 환경에 적응하는 동물이지만, 나아가

환경을 주체적으로 바꿀 수 있는 동물이기도 하다. 예를 들어, 우리 몸에 암이 발생하였다면 어떻게 할까? 오직 하나밖에 없는 나의 몸에 존재하는 암에 대해 인정하고 받아들일 것인가, 끝까지 싸울 것인가? 암을 인정하겠다는 말은 죽음을 택하겠다는 뜻이다. 하지만 살아 있는 인간이라면 가능성이 존재하는 한 쉽게 포기하지 않을 것이다. 암을 제거하기 위한 준비와 치료를 받고, 희망의 끈을 계속 쥐고 있을 것이다. 그런데 왜, 우리의 현실에 파고든 사육이라는 암은 쉽게 방치하려고 하는 것일까.

우리의 삶은 선택의 연속이다. 우리가 시대의 변화 속에서 만나는 어려움을 해결하기 위해 내리는 선택은, 항상 고정관념을 벗어나는 것에서부터 출발했다. 고정관념과 안전지대라는 틀 속에서는 새로운 기회를 찾을 수가 없다.

"기회는 항상 안전지대 밖에 있다."

과거 산업시대는 안전지대로 들어가는 것이 지상 최대의 과제였다. 하지만 지금 우리 시대의 안전지대는 세상을 움직이는 사람들이 만들어 놓은 사육장일 가능성이 높다. 더 서글픈 것은, 이 안전지대를 향해 오늘도 수많은 우리 청춘들이 밤을 새가며 꾸역꾸역 줄을 서고 노력하고 좌절한다는 것이다.

자신이 바라는 소원을 1만 번 이상 입 밖으로 내면 현실로 이뤄진다는 인디언 속담이 있다. 원래 인류의 모든 큰 변화는 사소한 변화에서부터 출발했다. 만약 여러분이 지금 사회 진출에 대한 불안감으로 의미 없는 스펙 쌓기에 집중하고 있다면, 일단 거기서 멈추는 게 좋다. 그리고 자신을 돌아보는 것이다.

명심해야 할 것은, 인생의 주체는 여러분 자신이지 그 누구도 아니라는 사실이다. 나에 대해서 가장 잘 알고 있는 사람은 나 자신이어야 한다는 말이다. 여러분은 자신에 대해 얼마나 알고 있는가? 자신의 가능성에 몇 점을 주고 있는가?

5 자신의 삶에 충실하기

미국의 임상심리학자 로나 클루스 박사는 "다른 사람을 지나치게 의식하는 행동은 고통"이라고 규정했다. 그것은 본인의 삶이 아니라 어떤 특정인을 연기하는 삶이기 때문이다. 또 소설가 베르나르 베르베르는 "실패한 인생이란 자기 자신이 아닌 다른 사람들만을 만족시키다가 끝나는 삶"이라고 했다.

어릴 때는 부모님 말만 듣고, 학교에 들어가서는 선생님 만족에만 따르며, 사회에 나와서는 상사에게 잘 보이려고 하고, 결혼한 후에는 배우자나 아이들에게만 맞춰 사는 삶…이런 것이 실패한 삶이라는 것이다.

우리가 직업을 통해 경제활동을 하는 방식은, 직장생활을 하는 것과 스스로 자영업(기업)을 운영하는 두 가지로 구분할 수 있다. 직장생활은 무엇보다 인간관계가 중요하기 때문에 남의 눈치를 봐야 하는데, 우리 사회는 인간관계가 배려 차원을 넘는다. 상대방 입장을 고려하는 차원을 넘어서, 잘못된 조직문화로 인한 불합리한 현상에 복종하는 경향이 강하다.

이른바 남을 위한 삶이 직장에 들어가면서부터 자리 잡기 시작하는 것이다. 대부분 직장생활을 하는 사람들은 직장에서 자신에게 부여된 임무에만 신경을 쓴다. 그저 개미처럼 부지런히 주어진 일만 열심히 한다. 상사가 시키는 일이나 할당된 그날의 당면 업무를 쳇바퀴 돌리듯이 반복해서 소화해 내는 것이다.

나아가 우리의 직장생활은 상당수가 공(公)과 사(私)의 구분이 명확하지 않아서, 상사의 사적인 일에 투입되어 업무 시간 이후에도 스트레스를 받는 경우가 허다하다. 이것이 아니더라도 야근이 일상화되어 있는 우리 사회는 자신을 위한 삶이란 이기적인 일로 치부되기 쉽다.

지금 청년들의 부모 세대는, 20대 중반에 회사에 입사하면 그곳에서 은퇴하는 날까지 기계의 부속품처럼 살아가는 것을 당연하게 생각했다. 또 자신의 삶을 늘 다른 사람과 비교하다 보니, 남들처럼 살기 위해서 '울며 겨자 먹기' 식으로 버티는 경우도 많았다.

이것은 전형적인 산업화시대의 유물이다. 새로운 것, 더 나은 것, 비싼 것이 좋은 것이라는 전형적인 낡은 인식이 스스로의 행동을 억죄고 같은 그룹의 사람들이 누리는 방식을 쫓아가면서, 정작 자신이 하고자 하는 방향은 모조리

놓치며 산 것이다.

그리고 인생의 뒤안길에서 비로소 그 기회들을 찾기 위해 아등바등하는 삶이라고 볼 수 있다. 문제는 21세기에도 이런 삶을 요구하고, 또 이것이 당연하다고 생각하는 사람들이 여전히 많다는 것이다. 사고가 전환되고, 인류 역사상 가장 많은 발전이 이뤄지고 있는 디지털시대임에도 불구하고, 정작 우리의 삶은 여전히 성공을 지향하고 있다. 그것도 사회가 만들어낸 성공이라는 울타리에 갇혀서 똑같은 선택을 강요하고 있는 것이다.

남에게 보이기 위해서 내가 사는 게 아니다. 남이 나를 어떻게 생각할까보다 내가 나 자신을 어떻게 생각하는가가 중요하다. 내 인생에서 내가 주인인가 종인가를 냉정하게 판단해야 한다. 아무리 비싼 옷, 좋은 차를 가지고 있어도 자신이 주인이 아니라면 그 삶은 행복한 것이 아니다.

내가 주인이어야 할 삶에서 주인이 아닌 노예로 살다 생을 마감하게 되는 것이다. 더 무서운 것은, 내가 노예의 삶을 살고 있는 한, 나를 노예라고 생각하는 부류에게 자신의 2세들까지도 노예로 비춰진다는 것이다. 그리고 은연중 나도 그것이 당연하다고 생각한다. 이 무슨 어처구니없는 일인가.

21세기, 그것도 다수의 국민이 고등교육을 의무적으로 마치는 나라에서 빚어지는 이 이해할 수 없는 현상에 대해 누구도 목소리를 높이지 않는다. 인생에서 가장 중요한 것은 누구도 아닌 나다. 내가 가진 가치 기준이 최우선이며, 이것이 곧 나의 행복을 결정한다.

삶의 가치 기준과 미래에 대한 계획성이 없는, 그래서 자기정체성에 대한 확신이 없는 사회 초년생은, 사육당하기를 기다리는 연약한 동물과도 같다. 주관이 없는 삶은 명령이 없으면 움직이지 못한다. 그것은 말을 타고 가는 사람에게 "어디를 그렇게 바쁘게 가시나요?"라고 묻자 "나도 모릅니다. 말에게 물어보세요."라고 답하는 것과 같다.

김영길 신영증권 대전 지점장은 증권회사에 입사할 당시 생각보다 어려운 일들을 많이 경험했다고 한다. 증권회사의 특수성 때문에 희비가 엇갈리는 일이 매일 일어났고, 대부분의 고객들이 시도하는 단기투자는 성공할 확률이 평균 5%에 불과한데도 이를 권유하는 자신에 대해 회의를 느꼈다.

회사의 수익을 위해 고객에게 다소 위험한 일을 권유해야 하는 일은 자신의 가치관과 위배되는 일이기도 했다.

그래서 김 지점장은 회사의 지시와는 다소 방향이 다르더라도, 일시적인 것보다 장기적인 투자를 통해 고객의 가치에 도움을 줄 방법에 대해 공부하기 시작했다.

가치관을 위배하면서까지 올리는 단기적 수익이 자신뿐만 아니라 회사에도 도움이 되지 않는다고 판단했기 때문이다. 상당한 시간이 필요했고, 그 과정에서 저항도 있었다. 그러나 그는 묵묵히 자신이 하고자 하는 방향으로 걸어갔다. 그 결과, 그는 최근에 고객의 자산을 안전하게 증식시키는 유능한 투자맨으로 자리매김을 하게 됐다고 한다.

하지만 김 지점장은 이런 결과를 두고 운이 좋아서라고 말한다. 회사에서는 자신의 원칙을 내세우는 순간부터 엄청난 저항에 휘말리기 때문이다. 그 역시 드러내 놓고 회사의 원칙을 거부한 것이 아니라, 회사의 지시를 수용하되 틈틈이 장기투자에 대한 공부를 진행해 왔기 때문에 가능한 일이었다.

내 인생의 주인공은 나다. 남이 아니다. 비교하는 것조차 우습다. 그럼에도 우리는 끊임없이 비교한다. 기준선이 있어야 한다는 강박관념 때문이다. 물어보자. 당신이 생각하는 비교의 기준선을 이룬다고 해서 행복해질 것인가?

그 기준선이 당신의 삶을 온전하고 완성되게 해주는가? 만약 '그렇다'는 답이 나온다면, 당신의 삶을 다시 한번 돌아보라. 당신의 의지가 개입되어 있지 않는 삶이 어디서부턴가 계속 진행되어 오고 있음을 깨닫게 될 것이다. 당신은 허수아비나 꼭두각시가 아니다. 하나의 완전한 인격체다.

또 하나, 우리의 습관은 어떻게 만들어지는가? 자기계발은 달리는 자전거와 같아서 멈추면 쓰러진다. 쉬지 않고 끊임없이 달리는 노력이 필요하다. 나아가 거기서 발생하는 좋은 행동과 생각하는 습관은 행복하고 성공적인 삶을 살 수 있게 한다.

6 미래를 준비하는 습관

근대사에서 대한민국 대학생들에게 가장 크게 작용했던 철학 중 하나가 유물론과 변화론이다. "모든 사물은 변한다. 변하지 않는 유일한 것은 '모든 것은 변한다'라는 사실뿐이다." 이 단순한 한마디가 지금의 40~50대를 통과하는 철학이었다.

GS 그룹의 허창수 회장은 "변화를 감지하고 민첩하게 대응하는 역량이 기업 생존을 결정하는 필수 요소가 됐다"며 "변화문맹(文盲)이 되지 않도록 각별히 노력을 기울여야 한다"고 강조했다.

변화를 인식하는 것 자체만으로도 사실상 인류의 발전은 엄청난 속도를 보유하게 된다. 우리는 변화의 시대에서 살고 있다. 정확하게는 인류 역사를 통틀어 가장 많은 변화가 끊임없이 지속적으로 이뤄지고 있는 세대다. 불과 20여 년 전에 인터넷은 그저 가상 공간일 따름이었다.

하지만 지금 인터넷은 우리의 전부에 가깝다. 휴대폰은 작은 컴퓨터화되었다. 이거 하나면 모든 것이 다 이뤄진다고 해도 과언이 아닌데, 그 분야는 여전히 발전을 거듭하고 있다. 물론 따지고 보면 인류 문명은 항상 변화해 왔다. 다만 변화의 속도가 다를 뿐이다. 급속하게 변하고 있는 현대는, 어제 미국에서 새로운 물건이 나왔다고 하면 벌써 우리나라 관련 카페에 오늘 날짜로 개봉기가 올라올 정도로 속도가 빠르다.

'사물 인터넷의 아버지'라고도 불리는 케빈 애슈턴은 P&G에서 근무할 당시에 센서와 통신을 연결하여 원시적 개념의 IoT(사물 인터넷)을 구현해 내었다. 그가 한 것이라곤 기존에 존재하던 것을 연결했을 뿐, 새로운 것을 만든 것은 없었다. 그러나 그 연결이 세상 많은 것들을 모두 바꿔버리고 말았다.

캐빈 애슈턴이 제시한 것은 연결, 결합, 융합이었다. 그런데 이것이 우리의 미래를 바꾸고 있다. 운전사가 없이도 목적지로 정확히 데려다 주는 자동차, 가보지 못했던 곳을 눈앞에 펼쳐 보이게 만드는 가상 현실과 증강 현실, 사물 인터넷과 로봇의 향연 등이 그 예이다.

우리의 미래는 어떻게 바뀌어갈지 예측 자체가 불가능하다. 그런데 이런 엄청난 변화의 시대에도 불구하고, 대한민국의 사회적 시스템과 인식은 여전히 산업화시대에 뿌리를 두고 있다. 아니, 거기서 빠져나올 생각을 하지 않는다.

습관이란 같은 상황에서 반복된 행동이 안정화되고 자동화된 것을 지칭한다. 성공하려면 성공하는 습관이 있어야 한다. 동서고금에서 성공한 사람들의 특징은, 분명하고 원대한 꿈과 목표를 가지고 포기하지 않으며 끝까지 실천한다는 점이다.

자신의 가치를 제대로 알지 못한 채 너무 비싸게 구는 것은 허영에 가깝다. 하지만 미래에 대한 충분한 가능성과 비전, 설득력을 갖춘다면 가치 평가는 상당히 달라질 수 있다. 결국 허영과 가능성을 가르는 기준선은 자신의 가치에 대한 정확한 평가다. 이는 '나'라는 존재를 자신이 잘 알고 있어야만 가능한 일이다.

루즈벨트 대통령의 일화 중 재밌는 이야기가 있다. 목욕 후 타올로만 몸을 가린 대통령이 비서관에게 물었다.

"내 몸값이 얼마나 될 것 같은가?"

비서관이 답했다.

"2천 원입니다."

보여주는 것이 당신의 가치가 되는가? 아니면 보여주지 않는 것이 당신의 가치가 되는가. 스펙 위주의 세상에서 보여주는 것이 당신의 가치라고 생각한다면, 스펙에 투자하는 게 맞다. 하지만 그런 시대가 언제까지 이어질 것이라고 보는가?

스펙의 시대는 산업화시대의 끝물이다. 가진 자, 결정하는 자, 지배하는 자가 만들어낸 잔인하고도 편협한 노예 선발 기준이다. 조금만 지나면 스펙의 의미는 사라진다. 현장에서 써먹지 못하기 때문이다. 결국 내면의 가치가, 미래에 대한 가능성이 더 높은 자가 선택권을 쥐는 시대가 온다.

실제로도 지금 우리 사회에서 이런 현상들이 서서히 반향을 일으키고 있다. 이른바 스타트업 기업들이 그것이다. 다시 원론적인 질문으로 돌아가 보면, "당신의 몸값은 얼마나 되는가?"라는 질문에 확실하게 설명할 수 있는 답을 가지고 있어야 사회로서의 출발이 가능하다.

스펙 따위와는 비교할 수 없는 이 질문에 대한 해답은, 당신의 가치가 현재에 있는 것이 아니라 미래에 있다는 것을 상대에게 알려줌으로써 노예가 아닌 구성원의 자리를 요구할 수 있게 된다. 그렇다면 우리의 몸값은 무엇에 의해 결정되는가?

현재 나의 위치가 과거의 생각과 행동으로 이루어진 것처럼, 비록 미래는 불확실하지만 분명 현재의 생각과 행동으로 결정될 것이다. 배가 목적지를 향해 제대로 항해하려면 필수적으로 나침반이 있어야 하듯이, 우리가 미래를 위해 살아가는 데는 두 가지가 필요하다.

하나는 인생의 비전이고, 다른 하나는 나에 대한 정보이다. 비전이 없으면 앞으로 나아갈 수 없고, 내가 현재 누구인지 모르면 어느 곳으로 갈 것인지 방향을 잡을 수 없기 때문이다. 그렇기 때문에 내가 누구인지, 내가 하고 싶은 일이 무엇인지, 재능에 대해 잘 아는 것이 우선이다. 즉 자기 분석을 통한 정체성의 정립이 미래를 준비하는 중요한 요소가 되는 것이다.

세상에서 변화하지 않는 것은 '끊임없이 변화한다'는 사실뿐이다. 사회가 변화하듯이 직업 역시 변화한다. 결론적으로 말하자면, 자신에게 맞는 직업이 무엇인지를 알아낸다면 이미 그것으로 성공의 삶에 한 발자국 다가선 셈이다.

미래에 하고 싶은 일이 있다면 아래의 과정을 가지고 준비해 보자.

첫째, 꿈, 목표를 가져라. 크게 가져라, 큰 생각을 해야 한다. 그러기 위해서는 먼저 자신의 위치, 즉 자신을 알아야 한다. 자신이 원하는 것이 무엇인지 알아야 한다. 내가 살아가는 이유를 'Why, What, How'를 통해 안다. 또한 갖고 싶은 것, 가고 싶은 곳, 되고 싶은 사람에 대해 구체적이고 명확하게 체크한다.

둘째, 지불 수단을 결정하라. 시간과 노력을 투자해야 한다. 이 세상은 공짜가 없기 때문에 대가를 지불해야 한다.

셋째, 목표에 대한 세부적인 기한을 적어라. 단기로는 1년 후, 졸업 전, 졸업 후 같은 식이 되겠고, 장기로는 5년 후, 10년 후 등으로 말이다.

넷째, 세부계획을 수립한다. 예를 들면, 어학시험 700점을 목표로 한다면 언제부터, 어디에서, 어떻게 할 것인지 구체적으로 계획한다.

다섯째, 종이에 기록한다.

여섯째, 믿고 행동하면 습관이 되기 때문에 긍정적인 생각을 가지고 임하라.

『죄와 벌』의 작가 토스토예프스키는 "습관은 인간이 무슨 일이든 할 수 있게 해준다"고 규정했다. 즉 미래를 꿈꾼다면, 지금 현재 성공하는 습관을 만들어야 한다. 그 습관이 당신의 몸값을 결정하며, 변화에 빠르게 대응할 수 있도록 한다. 또 종내에는 당신과 맞는 직업을 선택할 수 있는 시각을 키워줄 수도 있다.

7 가치관을 재점검하라

학생들과 취업 상담을 하면서 종종 내가 던지는 질문이 있다.

"현재 하고 있는 역할은 무엇인가?"

"주어진 역할을 충실히 수행하고 있는가?"

"학생 신분에 맞는 역할을 수행하고 있는가?"

우리는 사회 구성원으로서 싫든 좋든 여러 가지 역할이 주어진다. 그것은 강요나 압박이 아니라 그 위치에서만 수행이 가능한 일이 존재하고, 그것을 수행하는 것이 그 위치를 유지하는 방법이기 때문이다. 그리고 이렇게 각자 자신이 맡은 역할을 충실히 수행함으로써 사회 질서가 유지된다. 덧붙여 자기 역할을 제대로 수행하지 못할 경우, 우리 사회는 냉정할 정도로 그 대상을 소외시키거나 무시한다. 이 부분에서 흔히 말하는 '세상은 냉정하다'는 것의 의미를 깨닫게 된다.

나무는 나무로서 역할이 있듯 온갖 사물에는 역할이

주어진다. 물론 그 사물의 의지로 결정되는 것은 아니고, 태어났기에 주어지는 역할이다. 사람에게도 누구나 마땅히 해야 할 맡은 바 위치(직책)에 역할이 주어진다.

역할에는 개인의 선택과 무관하게 선천적으로 부여되는 역할(생득적 역할- 어머니·자식·동생 등)과 개인의 능력이나 노력에 따라 얻어지는 역할(획득적 역할- 교사·대통령·군인 등)이 있다. 다만 사람이 사물이나 동식물과 다른 것은 역할을 선택할 수 있다는 것이다.

태어나서부터 운명적으로 역할을 부여받은 것이 아니라, 살아가면서 역할을 개척하거나 쟁취할 수 있다. 이것이 인간 고유의 특성이다. 즉 하나의 개인은 현재 맡겨진 역할을 수행하면서 동시에 장래에 갖게 될 역할을 성취하기 위해 노력할 수 있으며, 그 결과 역할 전환을 이룬다.

우리는 이 사회를 살아가면서 개인 한 사람에게 주어진 역할과 가정 및 가문의 한 사람으로서 주어진 역할이 있다. 직장인으로는 지위와 직책에 따른 반드시 수행할 역할이 있으며, 사회 구성원의 한 사람으로 역할에 따른 의무와 책임이 있다. 또한 국제사회의 한 사람으로 지켜야 할 역할과 의무도 있다.

특히 직업의 경우, 각각의 역할이 좀 더 명확하게 주어지며, 직위에 따른 역할이 분명해진다. 예를 들어 교사는 교사로서 역할이 있고, 회사원은 회사 구성원으로서의 역할이 있어서 역할을 수행한 결과에 따라 의무와 책임이 따르게 되는 것이다.

이런 역할론은 사회를 살아 나가는데 중요한 의미를 지닌다. 위치에 따라 역할을 제대로 수행하지 못할 경우, 상당히 많은 갈등과 그에 따른 제재가 뒤따른다. 이른바 책임감에 대한 평가가 이뤄지는 것이다. 직장에서의 흔한 갈등 요소 중 하나도 이 부분이다.

나의 역할에 대한 스스로의 평가와 회사나 상사가 바라볼 때의 역할에 대한 가치 평가가 다르면 당연히 갈등이 발생한다. 아울러 역할에 대한 충실한 수행은 개인적인 성취 욕구를 만족시킬 수 있고, 이것을 통해 사회에서 인정받는 위치와 수준이 달라질 수 있다. 이는 삶에 직접적인 영향력을 행사하는 일이기도 하다.

다시 말해서, 당신이 지금 있는 위치에서의 역할 수행은 당연한 일이라는 것이다. 역할 수행은 평판을 탄생시킨다. 이 평판은 하루, 이틀, 한 달 만에 만들어지지 않는다. 한 번에 하나씩 천천히 쌓여서 이뤄지는 것이기 때문에 철저하게 충실히 쌓아 나가는 방법밖에 없다.

내가 하고 있는 역할을 충분히 수행하는 것은, 자기만족과 더불어 다른 사람까지도 도울 수 있고 사람들의 시선을 끌어오기도 한다. 그렇다면 이런 역할 수행을 충실히 이행하기 위해 바탕이 되는 것은 무엇인가. 바로 가치관의 형성이다. 제대로 된 가치관은 곧 나의 브랜드가 되고, 삶의 원천으로 자리한다.

얼마 전 유명한 야구 해설가가 스스로 목숨을 끊어 사회적으로 충격을 준 바 있다. 이뿐만이 아니다. 우리 주변에 스스로 삶을 마감하는 안타까운 선택을 하는 사람이 늘고 있다. 인기 절정의 연예인이 한순간 생을 포기하는 경우도 종종 볼 수 있다. 우리나라는 이라크에서 5년간 전쟁으로 죽은 사람보다 한국에서 5년간 자살한 사람이 두 배가 더 많다고 한다. 그래서 우리나라는 현재 12년 연속 경제협력개발기구(OECD) 회원국 중 자살률 1위의 오명을 갖고 있다.

그렇다면 지금 우리는 전쟁보다 더 끔찍한 사회를 살고 있다는 것인가? 아니다. 우리 사회는 지금 가치관의 혼란을 겪고 있을 뿐이다. 탐욕에 빠진 '물신 최고주의' 세계에서 국민들이 어떤 방식으로 관계를 맺어 나가야 하며, 어떠한 가치관의 설정으로 사회가 발전되어야 하는지, 이상과 현실 사이에서 명확하지 못하기 때문일 것이다. 가치관이 무너지면 공황에 빠진다.

노벨 생리의학상을 수상한 로저 스페리(Roger Wolcott Sperry) 박사는 저서『과학과 도덕적 우선순위(Science and Moral Priority)』에서 "유사 이래 지구 전체의 상태가 몇 세기를 두고 존중되어 오는 전통적인 인본주의 지침을 넘어서는 가치의 전망이 요구되는 단계에 이르렀다"고 이야기한다. 그는 오늘날 우리가 직면하고 있는 문제들을 대처하는 데 필요한 가치관은, 정신과 두뇌의 융합에 의한 가치관의 창출을 필요로 한다고 선언했다. 사회를 비난하기에 앞서 먼저 스스로에게 물어보자.

"나는 나의 위치에서 어떤 역할을 하고 있는가?"
"나는 어떤 가치관을 가지고 있는가?"
답을 내렸다면 이것을 주변에서 확인해 보라. 당신이 틀렸는지 맞았는지 그들의 입을 통해 들어보라. 그 대답이 곧 지금 당신의 모습일 것이다.

Chapter 03

작은 변화가 미래를 바꾼다

“

자신에게 맞는 인생의 가치와 역할을 선택해서

제대로 수행함으로써 얻어지는 보상은

살아가는 원동력이며 삶의 의미를 풍성하게 한다.

세상을 살아가는 것은 복잡하지만 의외로 단순하다.

중요한 것은 주체를 어디에 두느냐다.

나에게 두느냐, 타인에게 두느냐에 따라 삶은 달라진다.

”

어떤 역할을 잘 할 것이라고 기대하게 만드는 데는 그 사람이 보여주는 특정한 행동뿐 아니라 자질도 포함된다. 어느 조직에서든 업무 능력을 인정받은 직원에게 중요한 업무와 역할을 주는 것은 당연하다. 하지만 평범한 직장인들 중에는 한 가지 일이 끝나기 전에 이어서 다른 일을 맡기면 심한 스트레스에 휘말리는 경우가 많다.

그리되면 두 가지 일 모두 만족스런 결과를 내지 못하고, 업무 미숙자로 분류되어 버린다. 이로 인하여 당사자는 매사에 자신감을 잃고 만다. 상사의 눈치를 살피며 점차 소극적인 사람으로 변하게 되고, 결국에는 스스로 자신의 위치를 포기하기에 이른다.

이런 사람은 조직에서 살아남기 위해 전적으로 상사의 비위를 맞추고, 무조건적으로 지시에 따르며, 충성을 다 바치는 '예스 맨'으로 전락할 가능성이 높아진다. 자존감 대신 회사생활을 계속하는 영혼 없는 삶, 즉 남의 인생을 살아가는 최악의 선택을 하게 되는 것이다.

우리는 오래전부터 내려온 잘못된 선입견 탓에 직업

과 직무에 대해 많은 편견을 갖게 되었다. 이런 편견이 직업 선택에서도 작용해 특정 직장에 대한 쏠림 현상을 일으키고 있는 것이다. 직업의 귀천을 우선적으로 따지고, 정작 중요한 요소인 '나는 이 직업에 맞는 능력과 적성을 가지고 있는가'에 대한 여부는 가볍게 여기는 것이다.

적성이 맞지 않으면 그 직업은 가치가 없어진다. 업무는 고통의 연속일 뿐이고, 삶은 피폐해진다. 업무 무능자로 분류되고, 주변에서 '월급 도둑'이라는 시선을 받게 될 것이다. 그리고 가정에서는 '좋은 직장에 다니니 배가 불러서 쓸데없는 고민을 한다'는 핀잔을 듣게 된다. 과거에는 이런 비난 자체를 두려워하는 마음에서 힘든 것을 억지로 참고 악착같이 직장 일에 적응하려고 노력하는 경우가 많았다.

그런 사람들일수록 다른 사람에게 "참고 일해라!"라고 강요하기도 한다. 물론 그런 시대가 있었다. 하지만 이제는 자신과 맞지 않는 직장을 떠난다고 당장 굶어죽는 시대가 아니다. 자신에게 맞는 직업이 없으면 새로운 직업을 만들 수 있는 시대가 되었다.

과거의 획일적이고 정형화된 직업 이외에도 새로운 직업이 날마다 탄생한다. 더욱이 기술은 새로운 직업군을 끊임없이 생성해 낸다. 인터넷 쇼핑몰의 예를 들어보자. 괜찮은 쇼핑몰은 중소기업보다 더 많은 부를 창조해 낸다. 불과 20여 년 전에는 없던 직업이다.

최근 지속적으로 고용 없는 저성장 시대에 들어서면서, 새로운 세대들이 과거의 시각에서 벗어나는 추세다. 불합리하고 외형적인 것만을 따지는 관습을 탈피하고, 자신에게 맞는 직업을 선택하는 경향이 서서히 싹트고 있는 것이다. 어쩌면 지금 이 과도기가 사회 초년생에게는 기회가 될 수 있다. 개발되지 않는 영역으로 먼저 눈을 돌릴 경우 성공의 확률도 높아지기 때문이다.

다만 출발점에서 명심해야 할 것은, 끊임없는 자기계발과 노력, 주인의식이다. 직장에서도 이런 마음가짐은 필수다. 평생 직장이 없는 시대다. 언젠가는 나와서 자기만의 일을 해야 한다. 그렇다면 직장에 재직하는 시간을 바로 자기만의 일을 준비하는 시간으로 삼으면 된다.

"자신에 대한 투자를 하고, 사회를 바라보며, 인간관계를 연구하라."

노력하는 사람에게 기회는 오는 법이다. 늘 준비하는 자만이 원하는 것을 가질 수 있게 된다. 자신에게 맞는 일을 선택하고, 그 일에 대해 끊임없이 노력하는 것. 이 두 가지만으로도 이미 훌륭한 인생을 영위하는 것이며, 나아가 이를 바탕으로 역할 전환을 이루게 된다면 그것이 바로 '성공한 인생'이다.

자신에게 맞는 인생의 가치와 역할을 선택해서 제대로 수행함으로써 얻어지는 보상은 살아가는 원동력이 되고, 삶의 의미를 풍성하게 한다. 세상을 살아가는 것은 복잡하지만 의외로 단순하다. 중요한 것은 주체를 어디에 두느냐다. 나에게 두느냐 타인에게 두느냐에 따라 삶은 달라진다.

라디오에서 들은 이야기다. 어떤 소방관이 있다. 어린 시절부터 사람이 위기에 처했을 때 생명을 지키고 구해 내는 소방관이 되겠다는 꿈과 희망을 가지고 꾸준히 노력해왔다. 그리고 소방관의 꿈을 이뤘다. 초임시절 혈기 왕성하게 많은 사람을 구조하며 보람과 명예도 느꼈다. 삶에 대한 자부심도 가득했다.

그러던 어느 날, 화재 현장에서 위기에 빠진 동료를 눈앞에 두고 구하지 못하는 사건이 발생했다. 동료를 구하지 못했다는 자책감은 스스로의 삶을 나약하게 만들었다. 시간이 갈수록 자신감은 더욱 떨어졌고, 이는 실제 현장에까지 영향을 끼치게 됐다.

위험한 일에 투입 시 선뜻 뛰어들지 못하고 습관적으로 멈칫하게 된 것이다. 이런 일이 반복되다 보니 서서히 동료들도 그에게서 멀어졌다. 결국 정신적인 문제까지 발생하면서 치료를 받게 된다. 그 과정에서 그는 자신에게 물었다.

"나의 역할은 무엇인가?"

한참을 고민하던 그는, 자신의 임무는 '위기에 처한 사람을 구하는 것'이라고 어렸을 적 결심했던 바를 떠올린다. 그는 자신의 역할과 그 역할이 자신의 적성에 맞는다는 것을 다시 확인하고 용기를 얻는다. 현재 그는 소방관으로 복귀해 예전과 같이 활발한 활동을 한다고 한다.

우리에게 주어진 인생은 단 한 번뿐이다. 한 번밖에 없는 삶을 살아가면서 자신에게 기쁨을 주는 것들 중 하나가 성취감이다. 자신이 성취감을 느낄 수 있는 분야는 무엇인지 진지하게 고민해 보자. 그리고 그 분야로 나아가기 위해 나는 지금 어떤 준비를 하고 있는지 점검해 보자.

2 받아주는 회사가 있으면 일단 들어가라

"현실과 이상은 다르다."

당연한 말이지만, 인간은 배고프면 아무 일도 해낼 수 없다. 그래서 사람들은 생존을 위협받으면 발버둥을 치게 되어 있다. 과거에는 이런 문제가 먹는 것에 국한됐다면, 지금은 여러 복잡한 문제들이 얽혀 있다. 이제 생존은 먹는 것뿐만 아니라 입는 것, 자는 것, 즐기는 것 등 여러 분야에 걸쳐 있다.

아무데서나 잘 수 있는 것도 아니고, 일을 하려면 적절한 옷을 사입을 필요도 있다. 그리고 하루 종일 일만 할 수도 없다. 인간관계를 가지려면 그에 필요한 비용도 소모된다. 휴대폰을 사용하는 비용에다 각종 교통비까지 필요하다. 사람이 도시에서 살아가기 위해서는 생각보다 많은 것들이 유기적으로 만들어지고 소모되어야 한다.

청년들에게 가장 자주 언급되는 인물 가운데 한 명이 바로 스티브 잡스이다. 그가 생전에 했던 연설 가운데서도 스탠포드대 졸업식 연설이 많이 언급된다. 스티브 잡스는 이 연설에서 "여러분이 사랑할 수 있는 일을 찾아야 합니다. 일은 인생에 있어 가장 큰 부분을 차지하며, 여러분이 인생에서 만족감을 느낄 수 있는 유일한 방법은 바로 자신이 사랑하는 일을 하는 것입니다."라고 했다.

사랑할 수 있는 일을 찾아서 하라! 정말 멋진 말이다. 누구든 할 수만 있다면 그렇게 하면 좋을 것이다. 하지만 불행하게도 우리가 처한 현실과 이상은 서로 다르다. 우리가 직업이나 직장을 고를 때 우선적으로 고려해야 할 점은 자신에게 적합한 일을 찾는 것이다. 사실 자신에게 적합한 일과 사랑하는 일은 비슷한 듯하지만 확연히 다르다.

예를 들어, 어떤 이는 야구를 좋아하지만 실제로 잘하는 것은 축구일 수 있다. 잘하는 것을 사랑할 가능성은 있지만, 꼭 그렇다는 보장도 없는 것이다. 더구나 대한민국의 젊은이들은 대부분 10년 넘게 대학 입시만 목표로 삼아 달려왔다. 자율성은 거의 배제된 채 정해진 레이스에서 상대를 제치기 위해 죽어라 입시 공부만 해온 것이다.

그런 청년들에게 이제 와서 사랑하는 일을 찾으라는 것 자체가 사실은 무리일 수 있다. 사랑하는 일이 아니라, 실제로 잘하는 일을 찾는 데도 상당한 시간이 필요할 것이다. 주위를 한 번 둘러보자. 실제로 자신이 사랑하는 일을 택해서 성공한 사람이 얼마나 될까?

20세기의 아이콘인 스티브 잡스는 세계 최고 명문 중 하나인 스탠포드대를 다녔고, 스탠포드대 졸업생 앞이니까 그런 말을 할 수 있었는지도 모른다. 하지만 과연 스티브 잡스가 길거리에서 방황하는 실업 청년들 앞에서도 그런 말을 할 수 있을까?

어떤 청년이 있다고 치자. 공부도 그다지 잘하지 못했고, 고3 때 성적에 맞춰 지방에 있는 어느 대학에 진학했다. 대학 성적도 별로 높지 못했고, 그렇다고 특별한 스펙이 있는 것도 아닌데, 벌써 졸업을 앞두게 되었다. 지금 대한민국에서 이 청년은 이미 실패자에 속한다. 남들보다 나은 삶을 살 기회가 너무나도 낮아 보이기 때문이다.

그런데 정말 그럴까? 아니다. 인생은 사회 출발점에서 결정되는 것이 절대로 아니다. 사회 속에 뛰어들어서 어떻게 사느냐에 따라서 달라지는 것이다. 성공했던 상당수의 위인들이 부모의 지원 덕에 성공한 것은 아니지 않은가? 링컨도 시골 점원부터 출발했다. 그뿐인가. 미국 증권가에서 성공 신화를 이룬 사람들 가운데 60%는 대학 졸업자가 아니라는 통계도 있다.

세계적인 금융인으로 널리 알려진 크리스 가드너(Chris Gardner)는 억만장자로 성공한 월가의 살아 있는 전설이다.

하지만 그의 출발은 생각보다 열악했다. 고졸 출신에다 흑인이었으며 첫 직업은 외판원이었다. 그러다 파산하고 이혼하면서 아이를 데리고 같이 노숙자 생활을 해야 했다. 노숙자로 하루하루 비참하게 살던 그는, 어느 날 큰 건물 앞을 지나다가 그곳에서 나오는 모든 사람들의 얼굴에 환한 미소가 스며 있는 것을 목격한다. 그는 멋진 자동차에서 내려 거대한 건물로 들어가는 한 신사를 붙들고 다짜고짜 물어보았다.

"두 가지만 물어보겠습니다. 당신의 직업과 성공의 비결은 무엇입니까?"

"난 주식중개인입니다. 숫자에 밝고, 사람 만나기를 좋아하면 당신도 나처럼 될 수 있소."

가드너는 그날부터 주식중개인이 되겠다는 꿈을 갖고 노숙자 신분으로 무보수 인턴사원에 지원했다. 지원한 스무 명 가운데 단 한 사람만이 고용되는 어려운 면접을 통과한 그는, 마침내 투자 회사의 정식 직원으로 채용되어 억만장자의 길을 걷게 되었다.

가드너가 택한 직업이 그가 사랑하는 직업인가? 아니다. 그에게는 생계를 유지하고자 하는 마음과 현실을 벗어나고자 하는 강한 욕구가 있었다. 그리고 그 욕구가 그의 의지에 불을 붙였다. 가드너에게는 인생의 실패가 그를 다시 출발하게 만든 계기가 되어 주었던 것이다.

대기업에 들어가지 못한다고 실패한 인생인가? 공무원이 되지 못했다고 대한민국에서 결혼을 못 할까? 그렇게 생각하는 사람이 있다면 지금 당장 직업 전선에 뛰어드는 것이 좋다. 사정이 절박하다면 어떤 일이든 붙잡아서 시작하는 것이 중요하다. 그리고 거기서 다시 새로운 꿈을 키워가면 된다. 대기업 취업 공부를 하느라 의미 없는 시간을 보내느니, 중소기업에 먼저 뛰어드는 것이 하나의 방법이다. 몸을 바삐 움직이고 사회를 경험하며, 한 달 일해서 번 돈의 소중함을 느껴 보는 것이다. 그런 다음 시간이 지나서 이직 기회가 찾아오면 새로운 출발을 하면 된다.

우리는 살면서 좋아하는 것만 하고 산다는 것이 얼마나 어려운 일인지 뼈저리게 경험한다. 그럼에도 불구하고 정작 직업이나 직장을 선택할 때는 이런저런 달콤한 이야기에 귀를 기울인다. 하지만 냉정하게 말하자면, 대기업에 취업한다고 보장된 미래라는 것은 없다. 미래는 지금 자신이 어떤 삶을 살 것인지로부터 시작된다.

취업할 나이가 됐다면, 대기업만 바라보며 헛된 꿈을

꾸는 짓은 그만두는 게 좋다. 잘하는 일이 없다고 하더라도 일단 어떤 회사든 취업부터 하라. 거창하고 남에게 내세우기 좋은 회사를 고르는 것이 아니라, 들어갈 수 있는 곳에 맞춰서 들어가는 것이다. 그런 다음 자신이 잘하는 일이 무엇인지 찾는 것부터 시작하라. 여러분의 인생은 20대에서 끝나는 것이 아니며, 출발은 한 번만 할 수 있는 것도 아니다. 지금 서 있는 그곳이 바로 현재의 시작점이며, 미래에 있을 무수한 시작점의 원천이 될 것이다.

직장보다 직업

3 멋진 출발이 아니어도 좋다

　나는 개인적으로 스티브 잡스를 높이 평가한다. 하지만 그의 이야기를 젊은이들에게 빗대어 하는 것에 대해서는 반대한다. 그가 즐겨 하는 '사랑하는 일을 직업으로 가져라'라는 말을 아이폰 제조 공장에서 하루 3교대로 일하는 노동자에게도 할 수 있을까?

　사람들이 모두 좋아하는 일만 찾으려 한다면 구차스러운 일, 더러운 일은 누가 해야 하나? 잡스의 이야기는 이미 성공이 어느 정도 보장된 사람들에게나 통하는 이야기라고 나는 생각한다. 나는 때가 되면 우선 생계부터 해결하라고 강조하고 싶다. 직접 뛰어들어서 일을 하는 것과 거리를 두고 지켜보는 것에는 큰 차이가 있다.

　우리는 종종 액션 영화를 보면서 '저 정도는 누구나 할 수 있는 것'이라며 총에 맞고, 벽을 타고 오르고, 20m 높이에서 뛰어내리는 주인공을 대수롭지 않게 평가한다. 하지만 현실에서는 그런 행동의 1천 분의 1도 따라하기 힘든 경우가 많다. 물론 영화니까 즐기는 마음으로 보고, 쉽게 생각할 수는 있을 것이다.

그렇다면 취업은 어떨까. 상당수의 청년들이 취업 준비를 할 때는, 중소기업 점퍼를 입고 공사장에서 일하는 사람이나 영업을 하기 위해 돌아다니는 이들을 보며, 자신과는 관계없는 일이라며 지나치는 경우가 많다. "영업을 하기에는 좀 그렇지 않아?"라거나 "마음만 먹으면 아무나 하는 일인데, 대학까지 나와서 하기에는…."이라며 폄하하는 경우도 있다.

아르바이트를 해서 돈을 버는 것과 직장에 들어가서 월급을 타는 것은 엄청난 차이가 있다. 책임감부터가 다르다. 직장 내 위계질서에도 적응해야 하고, 업무 스케줄도 완전히 달라진다. 정신없이 뛰어다니며 한 달을 보낸 후 통장에 월급이 들어왔을 때의 느낌은 아르바이트 때와는 크게 차이가 날 것이다.

일을 하고 돈을 번다는 것이 갖는 복잡한 의미가 한번에 피부로 다가올 것이다. 작가인 페넬로페 트렁크(Penelope Trunk)는 직업 선택에 관해 이렇게 썼다.

"나는 글쓰기가 좋다. 하지만 솔직히 글을 쓰는 것보다 섹스가 훨씬 더 좋다. 자신이 좋아하는 일을 하다 보면 돈이 따라온다고? 난 글쓰기를 해서 돈을 벌지만, 섹스를 하면서 돈을 벌진 않는다. 내가 잘못된 것인가? 밤새 내가 글쓰기를 계속해야 하는지, 섹스를 해야 하는지 고민해야 하나? 아니다. 그 이유는 직업 선택이란 '내가 제일 좋아하는 것이 뭐지?'라고 묻는 게 아니기 때문이다. 직업 선택이란, 나 자신을 위해 어떤 인생을 살고 싶은지를 셋업 하는 것이다."

진정한 직업 선택은 돈을 버는 순간부터 시작한다고 나는 생각한다. 내가 알고 있는 어떤 공무원은 지방대 법대를 졸업했다. 오랜 시간 사법고시를 준비하다 매번 낙방한 뒤, 친구의 권유로 지방신문의 기자가 되었다. 정식으로 가져본 첫 직업이었다. 거기서 3년여를 보낸 그는 자신에게 맞는 일이 무엇인지를 알게 되었다.

자신이 정말 되고 싶은 것은, 바로 자신의 취재 대상인 공무원들이었던 것이다. 그동안 모아놓은 돈이 약간 있었던 그는 곧바로 직장에 사표를 내고 퇴직금을 보태 공무원 시험 준비에 나선다. 당시 결혼까지 한 상태였던 그는 합격하기 힘들지도 모를 7급 이상의 자리를 노리는 대신 9급 시험에 도전하여 1년 반 만에 지방공무원 시험에 합격했다. 그리고 시골 면사무소로 첫 발령을 받았다.

그게 끝이 아니었다. 시골 면사무소에서 열심히 일하

면서 틈틈이 교환 근무를 알아보았다. 마침내 어느 소도시에 있는 식약청으로 교환 근무를 가게 되었고, 다시 그곳에서 시공무원을 목표로 꾸준히 두드린 결과, 이번에는 구청으로 발령을 받았다. 불과 7년 전까지 그는 기약도 없이 사법고시에 매달려 시간을 보내던 사람이었다. 그러나 지금은 구청에서 근무하는 공무원이 된 것이다.

이처럼 일단 직장을 갖고 생계부터 해결하는 게 좋다. 하지만 절대로 그게 인생의 끝이 아니라는 점을 잊지 말아야 한다. 어쩌면 직장을 갖고 나서부터가 자신의 목표를 성취하기 위한 '진정한' 인생을 시작하는 것이다. 돈을 벌고, 그리고 미래를 위해 일정 부분을 저축해 나간다. 그러면서 더 나은 미래를 위해 끊임없이 고민하고 기획하고, 땀을 투자하는 것이다. 이처럼 자신에게 맞는 일, 자신이 잘할 수 있는 일을 찾을 수 있도록 다양한 경험을 하는 것이 좋다.

번듯한 직장을 갖게 되었다고 쉽게 안주할 수 있을 것이라고 생각하면 오산이다. 현실은 그렇게 녹록하지가 않다. 따라서 직장에 들어간다고 해도 새로운 직업을 찾는 일은 끝나지 않는다. 내가 잘하는 일, 그래서 성공할 수 있는 일을 찾기까지는 계속 달려야 한다. 고교 야구선수가 프로선수가 된 후 처음으로 출장한 첫 타석에서 초구를 때려 홈

런을 만들 수 있는 확률이 얼마나 되겠는가. 당연히 말도 안 되게 낮은 확률일 것이다. 지금 우리 젊은이들이 매달려 있는 대기업 입사, 공무원 시험 전쟁에서 이길 확률도 그와 크게 다르지 않다.

공부를 쉬지 않고 해온 사람이라면 그렇지 않은 사람보다 합격할 확률이 더 높을 것이다. 그렇다고 공부를 제대로 하지 않은 사람이 인생을 잘못 살았다고 할 수는 없다. 10년, 20년 뒤를 보자. 지금 생계를 위해 선택한 직장에 10년 뒤에도 별다른 이유 없이 머물러 있다면, 그때는 스스로 자책하게 될 것이다. 그 10년간 성취를 위한 노력을 게을리 했을 가능성이 높기 때문이다.

하지만 아직 사회로 본격적인 출발도 하지 못했고, 생계를 위해 우선 작은 직장을 선택했다면 괜찮다고 말해 주고 싶다. 지금부터 보다 더 나은 미래를 위한 노력을 시작하면 되기 때문이다. 자신에게 맞는 일은 책상에 앉아 고민한다고 찾아지는 것이 아니다. 진정으로 원하는 것은, 다양한 경험을 쌓고 여러 번의 크고작은 실패를 겪으면서 비로소 이루어지는 것이다.

지금 몸담고 있는 직장에서 충실히 일하면서, 당신이 진정으로 원하는 직업을 찾을 수 있는 기회는 얼마든지 있다. 대기업에 가서 일하고 싶은가? 그렇다면 지금 일하고 있는 중소기업에서 두각을 나타내도록 노력해 보라. 우수한 업무 능력을 인정받아 경력직으로 스카우트되는 길이 얼마든지 있을 것이다. 공무원이 되고 싶은데 지금 당장 그 꿈을 이룰 만한 실력이 안 되는가? 그렇다면 일단 생계를 위해 직장을 갖도록 하라. 그리고 남는 시간을 아껴서 꾸준히 공부를 계속하도록 하라.

누구나 멋진 출발을 하고 싶다는 욕심을 갖고 있다. 하지만 그 첫 출발이 마음에 들지 않는다고 그것에 발목이 잡혀 삶을 위축시키면 안 된다. 당신의 소중한 인생이다. 더 나은 미래를 위해 설계하고 달려나가야 한다. 자신의 장점은 누구보다 자신이 제일 잘 안다. 지금 당장은 부족하더라도 그 장점을 잘 갈고, 닦고, 키우며 더 나은 미래를 준비하는 것이다. 그것이 오늘을 살아가는 젊은이들이 취해야 할 현명한 전략이다.

4 실천의 힘

성공과 실패를 규정짓는 핵심적인 기준 가운데 하나는 실천이다. 외부 강의나 발제 등을 맡아 세미나에 참석하면서 많은 분야의 CEO들과 접촉할 기회를 가졌다. 이들은 개성도 각각 다르고, 생각·지식·학벌 등 여러 면에서 다양한 특성을 가진 사람들이다. 하지만 이들이 공통적으로 가진 특징이 있는데, 그것은 바로 하나같이 열성적인 실천가들이라는 점이다.

실천의 중요성에 대해 많은 이들이 이렇게 말했다. "학자와 내가 다른 것은, 학자가 100을 안다면 내가 아는 것은 1에 불과하다는 점이다. 하지만 나는 내가 아는 1을 가지고 100처럼 활용한다." 아무리 많은 지식이 있다고 한들 실천하지 않으면 소용이 없는 것이다.

경영학자이자 작가인 피터 드러커는 미국 현대 경영학을 창시한 학자로 평가받고 있다. 그는 경제적 제원을 잘 활용하고 관리하면 인간생활의 향상과 사회 발전을 이룰 수 있다고 생각했다. 그는 이런 신념을 바탕으로 한 경영관리의 방법을 체계화시켜 현대 경영학을 확립한 사람이다.

그런 그가 자주 쓰는 말은 "실천이 곧 경영"이라는 말이다. 피터 드러커는 경영자들을 대상으로 강의를 할 때 책을 많이 읽으라고 추천했다. 하지만 읽는 것에 멈춘다면 차라리 읽지 않는 것보다 못하다고 강조했다. 그는 "책을 읽었다면, 배운 것을 실행해 생활과 일의 방식을 바꾸어야 한다."고 강조했다.

피터 드러커가 한 강연에서 CEO들에게 두 가지 질문을 던졌다. "여러분은 건강이 가장 중요하다고 생각하나요?"와 "건강을 날마다 중요한 일로 간주하고 실천하고 계십니까?"였다. 첫 번째 질문에서는 대부분의 CEO들이 손을 들었으나 두 번째 질문에 손을 든 사람은 그를 제외하고는 아무도 없었다고 한다. 그들에게 건강은 머릿속에만 있을 뿐 현실에는 없었던 것이다.

요즘 서점에 가보면, 한쪽 책장을 가득 메우는 자기계발 서적을 손쉽게 만날 수 있다. 읽어 보면 꽤나 도움이 되는 체계적인 훈련 방법도 있고, 어떤 책들은 곧바로 적용 가능한 능력 계발서도 있다. 또 장기적인 안목으로 스스로를 훈련시키면 성공과 직결되는 책들도 상당하다.

이렇게 성공담이 많은데 왜 성공하는 사람은 많지 않

을까? 답은 당신도 알고 있을 것이다. 그것을 실행하지 않기 때문이다. 읽을 때는 고개를 끄덕이며 밑줄까지 긋지만, 책을 덮어버리면 거기서 멈춘다. 무협지를 보면, 주인공이 종종 고대의 신기한 무술 책을 발견하고 그 책을 독학하여 고수가 되는 장면이 나온다.

어렸을 때 그런 장면을 보면 나도 무술 책 한 권만 있으면 고수가 될 것 같은 착각에 빠지곤 했다. 그래서 서점으로 달려가 절권도나 합기도 같은 책을 샀지만, 얼마 지나지 않아 그 책이 어디에 있는지조차 알 수 없는 경우가 많았다.

왜 그랬을까? 읽는 것과 직접 해보는 것은 엄청난 차이가 있다는 것을 금세 깨달았기 때문이다. 상당수의 사람들은 세상을 깜짝 놀라게 할 아이디어가 가끔씩 번개처럼 떠오른다고 한다. 대략 그것이 1천 명이라고 하면 1천 개의 아이디어 중 세상에 나올 수 있는 것은 불과 한 개 정도다. 대부분의 사람들은 '이거 괜찮은데?'라는 생각에서 멈춰버리기 때문이다.

요즘 넓은 공원 등지에 가보면, 보드 타는 아이들이나 청년들을 손쉽게 볼 수 있다. 특히 보드에 관심이 있는 사람이라면 한 번쯤은 '에스보드'라는 것을 본 적이 있을 것이다. 에스보드란 두 개의 발판을 연결하여 S자 모양으로 운행하는 보드를 말한다.

이 에스보드를 세계 최초로 개발한 이가 바로 한국인이다. 그것도 어디 기업의 개발자가 아니라 노숙자였다. 이 노숙자는 에스보드를 개발해 수백억 원의 로열티 계약을 이끌 수 있는 벤처기업의 CEO가 됐다. 바로 강신기 대표다.

충청남도 부여의 한 가난한 농가에서 태어난 강 대표는 중학교를 졸업하자마자 공장에서 일을 시작했다. 그래도 배움에 대한 욕구가 있어서 밤에는 학교를 다니면서 고등학교를 졸업했다. 고교 졸업 후 대학 진학은 꿈도 꾸지 못한 채 그는 연탄 배달, 벌목, 공장 노동 등 돈을 벌 수 있는 일이라면 뭐든지 해야만 했다.

그러던 와중에 일찌감치 공장에 취직했던 여동생이 연탄가스를 마시고 세상을 떠났다. 아버지는 미안하다는 석 줄 편지만 남기고 집을 나갔다. 그런 와중에도 그는 수년간 공장 노동자로 일하면서 주경야독으로 공부해 자격증을 따내고, 마침내 공무원 시험에도 합격했다. 하지만 그는 거기서 멈추지 않았다. 아내의 반대에도 불구하고, 힘들게 자리 잡았던 수자원공사를 그만두고 개인 사업을 시작했다.

퇴직 후 침대 유통 사업을 시작해 특유의 근면과 성실

로 성장에 성장을 거듭하면서 전국에 대리점을 열세 군데나 두게 된다. 허나 IMF라는 대형 태풍을 만나 침몰하고 만다. 가족들을 시골로 내려 보내고 사우나와 고시원을 전전하다가, 종내에는 서울역으로 발길을 옮겨 노숙생활을 시작한다. 그렇게 추운 겨울을 보내고 봄이 왔을 때, 강 대표는 퀵보드를 발로 구르면서 타는 아이들을 보다가 문득 머릿속에서 하나의 아이디어를 떠올렸다.

'발로 땅을 구르지 않고도 전진할 수 있는 보드가 있다면 어떨까?'

보통 사람이라면 그렇게 잠깐 생각하고 말았겠지만, 그는 이 아이디어를 실천에 옮기기 시작한다. 그 결과, 그는 S자로 전진해 가는 뱀에서 힌트를 얻어 에스보드를 발명하게 된다. 그는 이 에스보드를 바탕으로 회사 '데코리'를 설립해 2003년 대한민국 특허기술대전 국무총리상, 2004년 미국 발명전시회(INPEX) 대상 및 5개 부분 등을 수상하고, 외국 바이어들과 수백억 원의 로열티 계약을 이끌 수 있었다.

동화 같은 이야기일까? 아니다. 강 대표는 다 실패했고 그래서 포기했지만, 하나는 포기하지 않았다. 그것은 바로 실천하는 행동력이었다. 인생은 어마어마한 계기가 있어야만 확 바뀌는 것이 아니다. 비록 작은 것이라도 그것을 안에만 두면 아무것도 바뀌지 않는다. 밖으로 꺼내야만 바뀐다.

직장이나 직업도 마찬가지다. 그 어떤 멋진 계획도 실천하지 않으면 낙서에 불과하다. 지금이라도 작은 것부터 실천하라. 그 작은 것이 곧 조금 큰 것이 되고, 그것이 나중에는 엄청난 것이 될 수 있다. 인생을 바꾸는 데는 실천만큼 확실한 것도 없다.

5 매일 리셋 버튼을 눌러라

　『돈키호테』라는 걸작을 만들어낸 세르반테스는 후대에 이런 말을 전했다.

　"훌륭한 사람을 만났을 때는 그 사람의 훌륭한 점을 자신도 가지고 있는가 생각해 보라. 그리고 악한 사람을 만났을 때는 그 사람의 나쁜 모습이 자기에게도 있지 않는가를 돌아보라. 언제나 자기를 점검해 보고, 잘못된 것이 발견될 때는 곧바로 고치는 사람이 돼라."

　인간은 불완전한 동물이다. 어떤 일에서든 항상 빈틈이 생기고, 그 빈틈으로 인해 위기가 닥친다. 자연이 만든 것은 1만 년을 넘어서는 것도 있지만, 인간이 만든 것 중 원형을 유지하는 것은 길어야 몇 백 년이다. 우리의 삶도 마찬가지다. 매일이 불완전성으로 이뤄진다.

　어제와 같은 일상이지만, 어제와 다른 실수를 한다. 분명히 실수라는 것을 알면서 하는 경우도 상당하다. 우리는 여러 개의 실수를 거의 매일 저지르며 살아가지만, 그중에는 자의가 개입된 실수와 타의가 개입된 실수들이 얽혀 있다.

타의가 개입된 실수는 어떻게 할 방법이 없다. 그것은 피할 수 있다면 피하는 것이 상책이다. 그럴 수만 있다면 말이다. 하지만 자의가 개입된 실수는 줄일 수 있다. 또 줄여야 한다.

그동안 많은 취업 준비생들과 만나고 대화를 해보면서 느낀 점이 있다. 다수의 취업 준비생들이 자신의 하루를 점검하지 않는다는 것이다. 취업이라는 미래를 꿈꾸는 이들이, 정작 그 미래의 받침돌이 되는 오늘을 돌아보지 않는다는 것은 상당히 놀라운 사실이다.

자신의 오늘을 점검하는 것은 여러 가지 면에서 인생에 큰 도움이 된다. 하루를 돌아봄으로써 내일을 미리 판단할 수 있고, 나아가 그 다음의 미래까지도 어느 정도 예측할 수 있기 때문이다. 오늘은 곧 내일의 기반이요, 그 기반이 쌓여야 원하는 미래를 가질 수 있기 때문이다.

실천은 나의 위치를 명확히 깨달을 때 손쉽게 나온다. 내가 지금 할 수 있는 일과 범위가 머릿속에 있어야만 상황에 맞는 행동이 나올 수 있기 때문이다. 내가 원하는 삶, 보편적으로 안정적이고 성공적인 삶은 그냥 주어지는 것이 아니다. 그것은 쟁취해야 하고 남들과 경쟁해야 하며, 나를 내세워야 한다.

　그렇게 하기 위해서는 무엇보다 나 자신을 명확히 알아야 한다. 내가 자주하는 실수는 무엇이고, 남보다 조금이라도 나은 점은 무엇이며, 내가 꿈꾸는 삶은 어떤 것인지 자신에게 늘 주입시켜야 한다.

　인간은 생각보다 나태해지기 쉽다. 특히 사회에 들어가 보지 않은 청년층이라면, 조금의 여유에도 손쉽게 풀어질 수 있다. 그들을 긴장시키는 것이 눈에 직접적으로 드러나지 않는 경우가 많기 때문이다. 하지만 보이지 않는다고 없는 것은 아니다.

　항상 불안은 우리 주변에 있고, 그만큼 기회도 우리 주변을 맴돌다 순식간에 사라진다. 취업을 눈앞에 둔 사람이라면 이제 긴장을 푸는 안일함은 내려놔야 한다. 매일 스스로를 점검하고 하루를 마쳐야 한다. 그 점검에는 일상이 있고, 나를 아는 순간이 있어야 하며, 미래에 대한 생각이 자리해야 한다.

　이것은 토익 단어를 외우는 것보다 더 중요하며, 사회로 나가 성공할 수 있는 가장 지적인 방법이기도 하다. 나의 위치를 모른다면 지금 어디로 가고 있는지, 가기 위해서는 무엇을 해야 하는지 파악하지 못하고 있다는 의미가 된다.

청춘에 그런 시기가 한 번쯤은 있지만, 이제 사회로 나아가는 사람이라면 그런 방황에서 빠져나와야 한다. 취업 공부를 하러 대학교 도서관에 갔다가 공부가 제대로 안 되어 친구들과 만나서 술 한잔하며 왜 기회를 주지 않느냐고 한탄한다면, 분명 내일도 그 한탄은 이어질 것이다.

무기력해지는 스스로를 탓하는 게 싫어 자기 점검을 하지 않는 취업 준비생들도 많다. 탓하고 반성하라는 것이 아니다. 하루하루를 리셋하라는 것이다. 오늘 내가 무언가를 실수했다거나 계획대로 되지 않았더라도 탓하지 마라. 다만 내가 가야 할 길을 명확히 다시 한 번 새기면 된다.

어디에 서 있고 어떻게 가야 할지, 도달할 곳이 어딘지 그것만이라도 매일매일 자신에게 물어라. 그리고 리셋하면 된다. 마음속의 리셋 버튼을 눌러 오늘을 끝내고 다시 또 새로운 오늘을 맞이하면 된다. 새로운 오늘은 어제의 실수를 하지 않는 것만으로도 충분히 성공한 것이다. 자기 점검은 자기 비하나 학대가 아니다. 네비게이션 속에 표시되는 차의 위치와 같다. 우리가 차를 몰면서 네비게이션만 뚫어지게 쳐다보는 것은 아니지 않는가.

다만 길을 가다가 의심스럽거나, 혹은 잠시 시간을 내쳐다보는 것만으로 충분하다. 즉, 내가 지금 가고 있는 것이 맞는지 틀리는지를 확인하는 것이 가장 중요하다는 말이다. 매일 잠깐이라도 자신을 점검하고 틀린 것은 리셋하면서 앞으로 나간다면, 자신과 맞는 직업을 찾을 확률이 높아진다.

설혹 별다른 도움이 되지 않는다 하더라도, 적어도 면접에서 자신에 관해 설명할 때 남들과 다른 보다 명확한 자신을 표현할 수 있게 된다.

대학 때 성적이 그다지 좋지 않았던 한 학생이 괜찮은 중견기업에 합격했다고 찾아왔다. 이 학생은 취업 공부를 한 기간도 그리 길지 않았다. 축하하면서 비결을 넌지시 물어보니 면접에서 좋은 점수를 얻었다고 했다.

"긴장되지 않느냐?"는 인사성 질문에 그는 "며칠 전 저는 도서관에서 공부를 하다 말고 잠시 나와 주변을 둘러보았습니다. 내가 서 있는 장소가 낯설다고 생각할 무렵, 저 멀리 XX회사의 파란 간판이 보였습니다. 저는 도서관에서 공부가 안 될 때면 항상 그 간판을 쳐다보았습니다. 그리고 그 순간을 제 다이어리에 적었습니다. 'XX회사까지 앞으로

XX km' 제 마음 속의 거리를 그렇게 날마다 좁히다 보니 여기 지금 서 있게 됐습니다. 이것만으로도 충분히 이 순간이 기쁩니다."라고 답했다고 한다.

물론 그 학생이 이 질문의 답만으로 합격했다고 볼 수는 없다. 하지만 면접관에게 충분히 좋은 인상을 남겼을 것이라고 생각한다. 자기의 회사를 목표로 날마다 자신을 돌아보는 청년이라니! 누구라도 한 번쯤은 더 쳐다보지 않겠는가.

우리가 가야 할 인생은 멀고도 복잡하다. 혼자인 듯한데 때로는 대도시처럼 북적거리고, 평평한 길인가 싶더니 갑자기 미로가 나타난다. 그럴 때 자신을 잃지 않는 자는, 오로지 지금 자신이 어디에 있는지를 파악하고 있는 사람뿐이다.

날마다 자신을 점검하라. 그 다음 리셋 버튼을 누르고 새로운 오늘을 맞이해라. 그 작은 행동만으로도 당신의 인생은 충분히 성공할 준비가 되어 있다.

6 작은 변화에 집중하라

작은 변화가 지닌 힘을 믿고, 한 번에 한 가지씩 변화의 씨앗을 뿌리면 그 변화들은 더욱 뛰어난 건강과 인간관계, 더욱 고상한 마음과 정신, 더 훌륭한 인생으로 자라난다.

– 래리&수잔 터클, 『스몰 체인지』 중에서

젓가락을 곧게 쪼개면 평행을 이룬다. 이렇게 평행이 된 두 직선은 지구를 한 바퀴 돌아도 만날 확률이 없다. 그런데 만약 단 1도만이라도 기울어진다면? 360도의 각도 중에 단 1도만 기울어져도 젓가락은 맞닿게 된다.

사람들은 말한다. 새로운 시작을 할 때는 남다른 각오가 필요하다고. 특히 새해가 되면 자신이 평소 목표로 하고 있었던 일을 이루기 위해 새로운 마음으로 그 목표를 향해 새로운 도전을 하곤 한다. 당연하게도 그중 연말까지 가는 경우는 극히 드물다. 잘해야 일주일, 빠르면 하루 만에 다시 돌아오기도 한다. 큰 결심은 큰 행동을 요구한다. 큰 행동은 익숙하지 않은 사람에게는 엄청난 부담이다. 마치 어울리지 않은 옷을 억지로 입으려고 하는 것처럼.

물론 꾸준히 하다 보면 큰 행동은 적응이 되어 보통의 행동, 작은 행동으로 체화된다. 그 과정이 그리 쉽지 않다는 것이 문제다. 목표 달성을 자주하는 사람들을 보면, 큰 결심을 하지 않는다. 목표를 작게 설정한다. 예를 들어, 보통 사람이 목표의 크기를 자동차라고 가정하면 목표 달성자들은 타이어 정도를 결심한다.

자신이 지키기 쉬운 작은 일부터 시작하면, 생각보다 빨리 적응할 수 있게 되기 때문이다. 목표를 이루기 위해 가장 중요한 것은 긍정적인 마음이다. 오히려 큰 행동은 실패를 유발할 가능성이 높다. 즉, 시작부터 부정적 요소가 강한 것이다. 대부분은 장단기의 목표를 가지고 있다. 하지만 그 목표를 이루기 위한 노력은 사람별로 엄연한 차이가 있다. 그리고 그 차이가 결국 성공이냐 실패냐로 나눠진다.

익숙하지 않은 일을 해야 한다고 할 때 '하루 24시간 중 10시간을 공부에 투자하겠어'라는 대명제는 출발부터 여러 리스크를 안고 시작한다. 일단 10시간이라는 시간 개념이 육체에 스며들지 않은 상태인 데다, 10시간이라는 한계성이 이미 부담을 주고 있다. 이를 이렇게 바꾸면 어떤가.

'나는 오늘부터 도서관에 20분 빨리 가겠어.'

아주 쉽고도 지키기 편하다. 그리고 이것이 일주일 이

상 지켜지면 자신감이 붙는다. '20분 빨리 가되 그 시간 동안 에세이집을 읽겠어'로 확장된다. 목표가 지켜지는 것은 바로 이런 확대성에 있다.

처음부터 어마어마한 꿈을 꾸고 그것을 밀어붙이는 사람도 있긴 하다. 대단한 사람들이다. 그런 사람들은 뭘 해도 성공하기 마련이다. 하지만 모두가 그런 것은 아니다. 거대한 꿈을 이루기 위해서는, 자기 의지뿐만 아니라 협조해 주는 주변 환경이 같이 존재해야 한다.

모두가 그런 것을 타고나는 것은 아니지 않는가. 위대한 수학자도 처음에는 덧셈, 뺄셈부터 시작했다. 결국 습관이 중요한 것이다. 작은 것이라도 계속 꾸준히 하다 보면 확장이 된다. 인간은 자신의 활동 범위를 상승시키고 확대하고 싶은 욕구가 있다. 천신만고 끝에 담배를 끊었던 내 지인은 담배 끊은 지 3년 만에 마라톤을 시작했다.

그리고 지금은 웬만한 대회는 다 출전한다. 그가 5년 전 담배를 필 때는 계단을 올라가는 것조차 난색을 표했었다. 하나의 변화는 다른 하나의 변화를 부른다. 즉 아주 작은 변화라도 무사히 내 습관으로 안착이 된다면, 또 다른 변화를 불러온다는 것이다. 아주 작은 결심 하나, 아주 작은 시도 하나만으로도 인생은 바뀐다.

젓가락의 1도가 바로 그것이다. 절대로 만나지 못할 것 같은 평행선을 무너트리는 것은 1도면 충분하다. 궤도를 바꾸고 싶다면 1도부터 도전하라. 물론 처음에는 그 차이가 별로 나지 않을 것이다. 그래서 포기하고 싶을 때도 있다. 하지만 모든 변화는 시간의 힘이다.

한 달 만에 10kg 뺀 것을 부러워하지 마라. 일주일 만에 원상태로 돌아갈 수도 있다. 다이어트 전문가들이 말하는 요요 없는 다이어트는 오랜 시간을 들여 습관적으로 살을 빼는 것이라고 한다. 시간이 필요하다는 것이다. 자신을 변화시키고 싶다면 한 번에 다 바꾸려고 하지 마라. 조금씩의 변화만 주어도 그 차이는 분명해진다.

한 번에 많은 것을 바꾸려다 중간에 지치기보다 아주 작은 변화를 만들어서 유지하다 보면, 그것이 결과물로 보이기에 스스로가 자연스레 더 노력하게 된다. 아울러 "뭐, 해보니까 별거 아니네!"라는 자신감을 부여해 주기도 한다. 덧붙여 작은 변화의 즐거움은 싫증 낼 시간을 주지 않는다.

한 가지 일이 적응되면 또 다른 변화를 찾아 나서게 되고, 그 변화는 다른 변화를 유발한다. 처음에는 '20분 도서관에 먼저 도착하기'였는데, 어느 사이 10시간 동안 도서관에서 공부하는 자신을 발견할 수 있는 것이다.

경기에 임할 때, 얼굴에 자신감이 있는 선수와 그렇지 못한 선수가 맞붙는다면 승패는 이미 난 것이나 다름없다. 크지 않은 일이라도 계속 성공해 본 사람은 자신감이 붙어 있다. 이런 자신감이 쌓이면 '무슨 일이든 해볼 수 있겠는데?'라는 동기 부여가 계속 생기고, 멀게만 보이는 목표점에도 결국 도달하게 된다. 그리고 일차 목표에 머무르지 않고 앞으로 계속해서 더 나갈 수 있는 힘도 생긴다.

출발점에서 1도만 바뀌어도 인생의 궤적이 바뀌게 된다. 그러니 지금 당장 1도만 바꾸도록 노력해 보자. 1년이 지나면 놀라운 결과가 여러분을 기다리고 있을 것이다.

우리가 사는 세상은 다양한 상품들이 있다. 무엇이 어떻게 있다고 말할 수도 없을 정도의 상품이 존재하며, 그중에서는 정말 기상천외한 것들도 있다. 하지만 그 물건들이 우리에게 다 필요한 것은 아니다. 실제로 우리가 살아가는 데는 익숙한 100여 가지의 물품이면 충분하다 못해 넘친다.

소비 부분의 전문가들은, 물건 구입시 가장 먼저 고려해야 할 것이 "이것이 왜 필요하냐?"는 질문에 대한 답이라고 말한다. 물건을 쓰는 주체가 누구이고, 어떤 쓰임이 있어야 하며, 그에 따른 효과는 무엇인가까지의 과정을 거쳐야 효과적인 소비를 할 수 있다는 것이다. 맞는 말이다.

주체가 누구인지를 명확히 하고, 주체에 맞는 것을 골라야 실패하지 않는다. 공부도 마찬가지다. 누가 공부하는가? 내가 공부한다. 그렇다면 나에게 맞는 공부 방법이 무엇인가를 고민하지 않을 수 없다.

양복을 예로 들어보자. 자신이 적당한 체격이어서 기성복을 입어도 큰 문제가 없다면, 딱히 맞춤옷이 필요하지는 않을 것이다. 그런데 만약 맞춤양복을 입는다면? 자신에게 꼭 맞는 옷처럼 멋있는 것은 없다. 그것은 체격과 상관이 없다. 자신을 좀 더 돋보이게 하면서 불편한 곳도 없다. 가격이 같다면 당연히 기성복보다 맞춤옷을 고르는 것이 현명하다.

공부 역시 성공한 사람의 학습법이 꼭 나에게 맞는 것은 아니다. 오히려 전혀 맞지 않을 수도 있다. 물론 공부의 기본적인 방법은 오래 책상에 앉아 있는 것이라고 한다. 그렇지만 오래 앉아 있다고 내 머리 속에 다 들어오는 것은 아니다. 어떤 이는 어려운 것부터 해서 쉬운 과목으로 가고, 어떤 이는 쉬운 것을 끝내놓고 어려운 과목으로 간다.

우리가 살고 있는 시대는 끊임없이 공부가 필요한 세상이다. 취업을 했다고 해서 공부가 멈추는 것이 아니다. 오히려 직장을 다니면서 학생 때 하지 않았던 공부를 하는 회사원도 많다. 필요에 의해서다. 자신이 더 발전해야 가치를 높일 수 있고, 현 직장에서 도태되지 않기 때문이다. 평생 공부 시대라는 뜻이다.

사실 초등학교부터 대학교까지 16년간을 공부해 온 사람들도 정작 자신만의 학습법을 가진 사람은 드물다. 특히 성인이 된 후의 공부에서 '자신만의 학습법'이란, 자신이 배워야 할 과목이 무엇인지를 선정하는 데서부터 시작한다. 내가 필요한 공부, 꼭 끝마쳐야 할 학습이 무엇인지를 알아야 공부가 시작된다는 말이다.

자기계발은 어려운 공부다. 대부분의 사람들은 자기계발을 취업한 다음에 하는 공부라고 생각한다. 하지만 아니다. 취업공부를 하면서 자기계발을 해야 한다. 자기가 무엇을 잘하는지, 어떻게 해야 하는지, 목표점은 무엇인지 등을 알아야 어울리는 직업을 가질 수 있기 때문이다.

대학교에서는 전공과 교양이 있다. 전공은 어쩔 수 없이 정해진 것을 들어야 하지만 일부 교양은 선택이다. 대부분의 학생들은 점수 잘 주는 과목을 아무 생각 없이 선택하곤 한다. 사실 교양 과목은 자기계발과도 연결된다. 그러므로 한 학기 동안 충실히 배워 언젠가는 써먹을 수 있는 과목을 선택해야 한다.

바로 이것이 자기만의 학습 방법이다. 어려운 것이 아니다. 자신에게 필요한 과목이 무엇인지를 찾아내고 거기에 일정 시간을 부여하는 것. 이것이 성인이 가져야 할 공부 방식인 것이다. 이 세상에는 배워야 할 것이 너무 많다. 뒤집어 말하자면, 그중에서 나에게 맞춤옷 같은 공부를 찾아야 한다. 그리고 그 공부를 끊이지 않고 계속 지속해 나가면서 자신을 발전시켜야 한다.

쉬지 않고 공부하는 사람은 늙지 않는다. 마음속에 목표가 서 있기 때문에 열정이 살아 있다. 그 순간 나이는 숫자에 불과해진다. 취업을 위해 영어가 필요한 것이 아니라, 내가 가고자 하는 길에 영어가 필수라고 생각해서 공부한다면 출발점이 다르다. 원하는 목적지가 명확하기에 과정에서 쏟는 열정이 달라지는 것이다.

'자신만의 학습법'이란 하루 몇 시간을 어떻게 공부하고 어떤 식으로 외우고 따위의 방법이 아니다. 그것은 대학교 이전까지의 방식이다. 성인이 된 후 공부 방식의 출발점은 단 하나다.

'나에게 필요한 것인가?'

앞으로도 공부를 해야 할 상황들은 많다. 또 배워야 할 것들도 많다. 전공처럼 이미 정해져서 꼭 배워야 하는 것은 번외로 쳐둔다 해도, 이 복잡다단한 시대에서 생존하기 위해서는 잡학이라도 지식이 있어야 한다.

내가 아는 한 신문기자는 전공은 국문학인데, 기자가되고 나서 심리학을 독학했다. 처음에는 가벼운 책 읽기로 시작했는데, 지금은 야간 대학교를 거쳐 대학원까지 진학한 상태다. 그에게 왜 심리학을 배우냐고 물었더니 "사람들을 만나서 인터뷰하는데, 그들에게서 말을 꺼내게 하는 것이 너무 어려웠다. 처음에는 화술이 문제인 줄 알았는데, 그게 아니라 상대의 마음을 내가 열고 들어가는 방법을 몰랐기 때문이었다."라고 대답했다.

그렇게 해서 시작한 심리학 공부로 그는 꽤나 유명한 인터뷰 기자가 됐다. 그 성공에 고무돼서일까. 그는 다시 대학 1학년으로 돌아가 처음부터 수업을 듣는 큰 결심도 감행했다. 나는 그가 자신만의 학습법을 가진 성인이라고 생각한다. 필요한 것이 무엇인지 발견했고, 그것에 평생에 걸쳐 시간을 투자하기 때문이다. 영어나 상식이 성인들의 공부의 전부가 아니다.

지금 당장 필요하고 도움이 되는 공부가 어쩌면 당신의 인생에 크게 도움을 주는 공부가 될 수도 있다. 지금 여러분은 자기계발을 위해 어떤 공부를 하고 있는가?

Chapter 04

저성장시대, 무엇을 할 것인가

자신의 적성 분야에서
자기 주도적으로 재능과 능력을 발휘하여
'창직'을 함으로써 자신의 미래를 열어 나가는 것도
정보화시대의 청년으로서 충분히
도전해 볼만한 가치가 있다.

1 창직의 길

사상 최악의 취업난이 계속되면서 대학에서는 '창직'이라는 말이 자주 거론되고 있다. 과거에는 창업이 권장되었는데, 이제는 창직이 자주 입에 오르내리는 것이다. 창직이란 무엇인가? 본래 일자리나 직업을 만든다는 뜻으로 쓰이기 시작했지만, 요즈음 대학생들 사이에서는 '창업함으로써 취업한다'는 뜻으로 쓰이고 있다.

독특한 아이디어와 그에 따른 적절한 재능이 있으면 충분히 창직에 뛰어들 수 있는데, 신재현 대표가 운영하고 있는 숭실대학교의 keepcosmos도 그런 창직 동아리 중 하나다. 신문기사에 의하면, 그는 초기엔 창직을 해야겠다는 생각이 없었다고 한다. 그저 배낭여행을 떠났다가 이런저런 서비스를 만들어보면 어떨까 생각하게 됐고, 만든 서비스로 공모전 등에 참여하다 창직으로 이어진 케이스다.

그때 만들어진 것이 대학생 팀플을 위한 협업 커뮤니케이션 서비스였다. 대학교의 경우, 예전에는 교수님의 일방적인 강의와 리포트 시험이었다면, 현재는 학생들끼리 팀을 이루어 연구 조사하고 발표하는 학생 주도적 수업이 이뤄지고 있다. 그런데 대학생들이 얼마나 바쁜가. 학비를 벌기 위한 아르바이트는 필수고, 스펙 쌓기 위해 학원에서 보내는 시간도 상당하다.

신 대표는 바로 이 부분에서 사업 아이템을 발견했다. 소규모 그룹 협업에 적합한 인터넷 서비스를 개발한 것이다. 신문기사를 읽은 당시가 2011년이었는데, 프로토 타입을 개발 중이었다고 한다. 그 뒤로 이것이 활성화됐는지는 알 수가 없다. 하지만 신 대표라는 대학생에게 매우 끌렸던 것은 사실이다.

사실 별것 아닌 아이디어일 수 있다. 학생들이 일상에서 느끼는 불편함을 덜어주는 서비스일 뿐이다. 하지만 그 아이디어가 새로운 직업을 만들어냈다. 바로 '협업 커뮤니케이션 서비스'라는 직업 말이다.

창직은 생각보다 가까이 있다. 기업재난전문가, 레저선박시설전문가 같은 생소한 직업은 사실상 창직을 통해 나온 직업들이다. 한국고용정보원은 얼마 전 〈제2차 정부 육성·지원 신직업〉을 선정 발표했다. 이들 직업은 최근 5~10년을 전후해 국내 노동시장에 새롭게 등장한 직업들이다.

자세히 살펴보면, 정부 육성·지원 신직업으로는 △기업재난관리자 △의약품인허가전문가 △주택임대관리사 △레저선박시설(마리나)전문가 △대체투자전문가 △해양설비(플랜트)기본설계사 등이 꼽혔다. 또 시장에서 수요가 생겨나고 인프라가 구축되고 있는 직업으로는 △방재전문가 △미디어콘텐츠창작자 △진로체험코디네이터 △직무능력평가사 △3D프린팅운영전문가 △상품·공간스토리텔러 등이 꼽혔다.

들기에도 정말 생소하지 않은가. 그런데 모두 다 현실성이 있는 직업이자 틈새시장을 노린 직업들이며, 어떤 면에서는 경쟁자가 없는 블루오션의 직업이다. 이뿐만 아니라, 새로 생겨난 직업으로 △개인간대출전문가 △의료관광경영컨설턴트 △크루즈승무원 △기술문서전문가 △문신아티스트 등도 있었다.

창직은 이미 유럽 등지에서는 고용 불안을 해결할 수 있는 대안으로 각광받고 있다. 하지만 우리나라에서는 아직 사회 전반적으로 창직에 대한 인식이 부족한 편이다. 누누이 설명했던 것처럼 산업화시대의 철학이 사회를 지배하고 있기 때문이다. 일본 같은 경우는, 재취업이 쉽지 않은 중

장년층이 창직을 주도하고 있다. 온천물을 배달해 주는 온천수 배달 서비스라든가, 금붕어 등을 대여해 주는 수족관 대여업 등 현대인의 기호를 반영하는 직업들이 계속 생겨나고 주목을 받고 있다.

최근의 창직 형태는 과거 1인 기업 형태에서 대학 동아리, 더 크게는 마을기업·협동조합 형태로 나타나는 경우도 있다. 최근 급증한 제주 이주민들을 돕는 '제주 이주 컨설턴트'는 마을기업이나 협동조합 형태로 활동한다.

지난 2015년 한국의 대학생들이 뽑은 10년 후 유망 기업 중 1위가 실버케어 전문가다. 이 역시 과거에는 없었던 직업이다. 2위의 환경 관련 종사자도 마찬가지다. 3위가 되어야 들어봤음직한 IT- SW개발 및 엔지니어가 선정됐고, 4위는 보안 전문가였다. 이처럼 직업세계의 변화는 시시각각 처해지는 요인에 의해 달라지고 있다.

다시 말해 자신의 직업 선택을 위해서는, 자신의 적성 분야에서 거시적인 관점, 즉 메가트렌드를 파악해 유망 직업을 찾아가는 것이 중요하다. 원하는 직업의 과거와 현재, 그리고 미래를 파악할 수 있는 통찰력이 그 어느 때보다 필요한 것이다. 이제 기존의 직업에서 미래를 열어가는 것이 쉽지 않은 세상이다. 언제까지 거기에 매달려 시간을 낭비할 필요가 없다.

"없으면 역할을 만들면 된다."

자신의 적성 분야에서 자기 주도적으로 재능과 능력을 발휘하여 '창직'을 함으로써 자신의 미래를 열어 나가는 것도 정보화시대의 청년으로서 충분히 도전해 볼만한 가치가 있다. '창직'은 결코 멀리 있지 않다. 새로운 수요가 생기면 직업 또한 자연스럽게 생기기 마련이다.

예를 들어, 2000년 후반 세상을 뒤집어 놓은 아이폰을 보자. 아이폰 이전에 어플리케이션이라는 단어는 전문가들이나 쓰는 것이었다. 그런데 지금은 줄여서 '앱'이라고 부르는 이것들이 너무나 당연하게 느껴진다. 아이폰은 그 탄생만으로 수많은 직업을 만들어냈다. 스마트폰과 관련된 것만 해도 1천 종이 넘는다. 더욱이 이 직업은 하나의 나라에 머물지 않고 전 세계를 공략한다.

시야를 돌리면 길이 보인다. 난파됐다고 배의 파편만 붙들고 있으면, 결국은 같이 쓸려가기만 할 뿐이다. 적극적으로 주변을 돌아보고, 무엇이 보인다면 팔을 저어 거기로 나아가야 한다. 물론 신중함과 미래를 보는 시야를 갖춰야 하는 것은 당연하다. 하지만 창직을 결심하고 취업전쟁에서 물러난다면, 당신에게는 상당한 시간이 주어질 것이다.
그 시간을 자기계발과 재능을 탐구하는 데 쓴다면, 당신의
인생은 전혀 생각지도 못한 방향으로 치솟을 가능성도 있
다. 선택은 당신의 몫이다.

2 일을 즐기는 사람

『논어(論語)』의 「옹야편(雍也篇)」에 나오는 공자(孔子)의 유명한 말이 있다.

子曰, 知之者不如好之者 好之者不如樂之者

해석하자면, '공자(孔子)께서 말씀하시기를 (어떤 사실을) 아는 사람은 그것을 좋아하는 사람만 못하다'란 뜻이다. 좋아하는 사람은 즐기는 사람만 못하다. 이 글의 주석에는 아래와 같이 풀이되어 있다.

'안다는 것은 진리(眞理)가 있다는 것을 아는 것이다. 좋아한다는 것은 좋아만 했지 완전(完全)히 얻지 못한 것이다. 즐긴다는 것은 완전(完全)히 얻어서 이를 즐긴다는 것이다.'

너무 유명한 말이라 어디선가 들어본 적이 있을 것이다. 어떤 것을 즐기는 자는, 그것을 아는 자이면서 그것을 위해 노력해 본 자라고 할 수 있다. 알고 노력하는 데다 즐기기까지 한다면 그야말로 금상첨화다. 나는 여기에다 '비록 몰라도 즐길 마음이 있다면, 그 분야에서만큼은 아무도 그를 이길 수 없을 것'이라고 첨언하고 싶다.

즐긴다는 것은 정말 큰 의미다. 요즘 젊은이들이 자주

하는 온라인 게임을 예로 들어보자. 처음엔 흥미가 있어 시작한다. 그런데 하다 보니 재미가 있다. 종종 지는 것이 슬슬 화가 난다. 그래서 공략도 찾아보고, 다른 사람이 하는 방법도 본다. 그렇게 조금씩 연습하다 보니 어느새 이기기 시작한다.

그때부터 게임은 즐거워지기 시작한다. 연습할 때는 지면 화가 나고 분하더니, 나중에는 지더라도 "대단하다!"고 상대를 추켜세운다. 사실상 이 정도쯤 되면 그 게임의 고수라고 봐도 무방하다. 물론 현실에서는 'PC방 폐인'으로 불리기는 하지만 말이다.

즐기기 위해서는 그 대상을 알아야 한다. 잘 알고 파악해야 여유가 생기고, 여유가 있으니 즐길 마음이 드는 것이다. 하지만 세상살이가 그렇게 모든 것에 시간이 넉넉한 것은 아니다. 공자님의 시대야 하나의 장인이 되고 그것을 즐기기까지의 시간이 용납되었을 수 있지만, 요즘의 시대는 그런 인내심이 없다.

그렇다면 시작부터 신명나는 일을 찾아 즐기면서 출발하는 것은 어떨까? 나의 주특기와 맞는 일을 즐겁게 찾고, 찾았다면 거기에 도전해서 발전해 나가는 과정 자체를 온전히 자신의 즐거움으로 인식하는 것이다. 나와 맞는 일이니 불편하지 않고, 즐기는 일이니 관심이 가지 않을 수 없다.

노력의 시간이 아깝지 않고, 그 노력의 결과가 작더라도 다시 도전할 수 있다. 만화를 그리는 사람이나 음악을 하는 사람 중에 이런 부류의 사람을 종종 볼 수 있다. 완성되지 않았지만 자신의 일에 즐거움과 기쁨을 느끼는 것이다. 조선일보에 기재된 재밌는 에세이가 하나를 여기에 소개할까 한다.

원턴 마살리스 빅밴드가 공연하려고 한국을 방문한 적이 있다. 재즈 트럼페터이자 뉴욕 '재즈 앳 링컨센터' 예술감독인 그는 현대 재즈의 총아다. 공연 관계자가 전화해서, 우리 클럽을 방문하고 싶으니 자리를 마련해 달라고 했다. 이윽고 클럽에 도착해 저녁 식사를 마친 후 일행은 입맛을 다시며 고민을 살짝 털어놓았다.

연주를 하고 싶은데 공항에서 직접 오느라 악기 없이 빈손으로 왔다는 것이다. 나는 악기들을 보여주며 "당신들이 원하는 것은 다 가지고 있다"고 자랑스레 얘기했다. 악기를 본 그들은 깜짝 놀랐지만, 더 놀란 것은 클럽에 있던 손님들이었다. 세계적 빅밴드가 갑자기 나타나서 연주를 시작하니 횡재가 따로 없었던 것이다.

흥이 오르자 연주는 새벽 3시가 넘도록 계속됐고, 이들의 연주를 보며 황홀해 했던 나는 급기야 통사정을 하기에 이르렀다. 직원들이 퇴근해야 하니 내일 다시 놀러 오라고 말이다.

그들은 다음날 점심에 미국 대사관저에서 있었던 환영 파티와 예술의 전당 공연을 끝내고 또다시 클럽을 찾아왔다. 이번에도 새벽 3시가 넘도록 가지 않고 연주를 즐기는 그들에게 언제쯤 끝낼 것인지 조심스럽게 물었다.

이들은 "오전 8시 30분 출발 비행기여서 5시 30분에 공항으로 떠나면 되니까 조금 더 놀다 가면 안 되느냐"는 것이었다. 잠을 자지 않고 바로 체크아웃을 하기로 작정한 것이다. 그러면서 "잠은 비행기 안에서 자면 된다"고 오히려 나를 안심시켰다. 이들이 이틀 동안 클럽에서 연주한 시간의 몸값을 계산하면 족히 1억 원은 넘을 것이다.

하지만 나는 시간이 늦었다는 이유로 이들을 쫓아낼 생각만 했다. 그때 나는 깨달았다. '이들은 정말 재즈를 좋아하는구나.' 오죽하면 돈도 받지 않는 일을 밤새도록 한단 말인가. 그것도 공연을 막 끝내고 와서 말이다. 진정한 고수는 즐기는 자이다. 정말로 좋아하는 일을 열심히 하니 세계적 수준이 될 수밖에 없는 것이다.

2,500년 전, 즐기는 자를 이길 수 없다(知之者 不如好之者, 好之者 不如樂之者)는 사실을 공자는 이미 알고 있었다.

- 조선일보, 2015.04.30, 임재홍 재즈클럽 '원스인어블루문' 대표

나는 이 에세이를 읽으면서 진심으로 그 연주자들이 부러웠다. 자신들이 하는 일에 얼마나 애정이 있으면, 그것을 즐기는 시간에는 다른 것을 돌아보지 않는단 말인가. 내가 만약 음악을 했더라도 저들처럼 즐길 수 있었을까 생각하니 질투도 나고, 부럽기도 하고, 종내에는 존경의 마음도 슬며시 찾아든다. 자신이 종사하는 분야를 사랑하는 사람은 대단한 사람이다. 지금은 거장이 아니더라도 충분히 거장이나 장인이 될 수 있는 사람이다.

우리 청년들도 누가 시켜서 하는 취업 공부가 아니라 자신이 좋아하는 일을 찾기 위한 공부를 한다면 어떨까. 자신을 찾아내는 과정과 발전하는 과정을 즐겁게 느끼며, 그 시간을 바탕으로 자신이 원하는 직업을 찾는다면 얼마나 근사할까. 어떤 분야라도 상관없다. 자기가 잘할 수 있는 분야라면 시작부터 이미 즐길 준비는 끝난 것이나 진배없

다. 남은 것은 열정을 유지하면서 성장하는 과정이다.

옛날 내 대학 은사님께서 "지금 인기 있는 직업이 10년 뒤에도 인기 있을 것이라는 보장은 없다"고 말씀하셨다. 나는 지금 제자들에게 말한다. "지금 여러분이 가고 싶은 직장이 5년 뒤에도 대한민국에 있을 가능성이 얼마나 있겠는가? 직장이 아니라 직업을 찾아라."라고 말이다. 이 말에 더해서 기왕이면 즐길 수 있는 직업이라면 그 인생은 얼마나 행복하겠는가.

"당신이 동의하지 않는 한, 이 세상 누구도 당신이 열등하다고 느끼게 할 수 없다."

- 엘리노어 루즈벨트

다 아는 사실이지만, 우리의 삶은 한 번뿐이다. 그렇기에 당연히 실수하고 조바심을 낸다. 낯설고 모르는 환경을 마주하게 됐을 때, 당연히 그 길을 먼저 가본 사람의 조언을 들으려고 하는 것도 다 이 때문이다. 그런데 누구나 다 가는 그 길 안에 수천 개, 수만 개의 변수가 존재한다면?

그런 위험천만하고 복잡한 길을 잘 빠져나왔으니, 그 사람의 말을 따라야 하는가? 아니다. 단순히 그의 운이 좋았을 수도 있고, 어쩌면 나에게는 없는 아주 적절한 장비가 있었을 수도 있다. 그렇다고 그의 장비가 당신에게 잘 맞는 것은 아니다.

인생에 정답이 있다면, 솔직히 내가 먼저 알고 싶다. '공부 열심히 해라'가 정답인가? 아니다. 보다 폭넓은 기회를 줄 수는 있어도 이 명제가 정답이 될 수는 없다. '대기업 취직해라'가 정답인가? 자본주의 사회에서는 의미 없이 임

금을 주는 경우는 없다. 그만큼 노동자로부터 뽑아낸다. 삶
과 시간을 송두리째 가져가는 대신, 그들이 주는 것은 사회
적 선망과 시선뿐이다.

'공무원이 되라'도 정답은 아닌 듯하다. 사실 무엇이
취업의 정답인지는 알 수가 없다. 선망의 직장에 합격했어
도 불행한 사람이 있는 반면, 남들이 쳐다보지 않는 직장에
서 멋진 성공을 이루는 사람도 있다. 결국 이런 수많은 변수
와 난제가 난무하는 인생에서 20대의 청춘에게 할 수 있는
건 "정답은 없다"라는 말뿐이다.

10대에는 도덕적, 개인적 가치관을 정립하기 위한 조
언이 가능하지만, 20대는 이미 그런 것들이 어느 정도 정립
되어 있는 상태다. 크게 어긋나는 길을 가지 않는다면, 대부
분의 조언은 참고용일 따름이다. 그럼에도 불구하고 이 사
회는 이 시대 청춘들에게 권해야 할 말이 너무 많은 듯하다.

"스펙을 쌓아야 한다."

"토익은 몇 점을 받아야 한다."

"역시 대기업이 최고다."

"안정된 공무원이 되면 인생은 즐겁다."

정말일까? 나는 이 모든 명제를 의심하라고 말하고
싶다. 그 어떤 것도 자신에게 맞지 않는 일은, 혹은 자신의

의지가 없는 일은 종래에는 자신을 파괴시키는 단초가 될 뿐이다. 그 어떤 위인도 제대로 된 답을 얻지 못했는데, 그 누가 답을 낼 수 있단 말인가. 그런데도 많은 젊은 청춘들은 '이게 좋다', '저게 옳다'라는 말에 현혹되고 휘둘려서 귀한 시간을 낭비한다.

토익점수를 얻기 위해 방학을 다 날리고, 하루 종일 영어단어를 외운다. 그래서 점수를 얻으면 정말 취업이 쉬워질까? 원하는 직장에 입사하기가 쉬워질까? 인생은 한 번뿐이다. 자신이 필요한 공부는 자신만이 안다. 자신이 가는 길에 적절한 타당성이 없다면, 노력에도 불구하고 결과는 그리 만족스럽지 못할 것이다. 의지가 없는 행동은 최상의 결과를 얻어낼 확률이 거의 없기 때문이다.

대학이 지식의 상아탑이라는 말은 지난 얘기다. 이제는 통용되지 않는다. 이미 대학은 대기업에 들어가기 위한 취업문으로 전락해 버렸다. 대학생들은 전공과 상관없이 누가 보기에도 번듯한 대기업과 공기업 등에 입사하기 위해 오늘도 열심히 스펙이라는 것을 쌓고 있다. 이른바 '5대 스펙'이라는 것이 그것이다.

학점, 토익, 자격증, 인턴, 공모전.

그리고 이 스펙들은 취업 성공의 불문율로 여겨지며 너도나도 높은 학점, 높은 토익 점수, 최대한 많은 자격증을 얻고자 노력하고 있다. 하지만 모두가 똑같은 색의 옷을 입고 온다면, 오히려 주목을 받는 것은 다른 색의 옷을 입고 온 사람이다.

기업은 '일을 열심히 해본 사람'을 뽑고 싶어 한다. 그렇다고 '의지 없이 남을 따라하는 사람'을 열심히 한다고 생각하지는 않는다. 대기업에서 수천 명을 면접해 온 인사 담당자가 쓴 책을 보면 그 뜻이 더 명확해진다.

'기업들은 인재를 채용하는 데 있어서 인성을 가장 중요하게 본다'는 말이 첫 번째로 올라와 있다. 다만 수만 명의 지원자들을 일일이 만나볼 수 없기 때문에 서류 전형을 할 뿐이다. 그때 이력서에서 보이는 학점, 자격증, 토익 등을 통하여 기업들은 효율적으로 구직자들을 선별한다고 한다.

이것 때문에 많은 이들이 스펙을 쌓는다. 하지만 정작 담당관들이 눈여겨보는 것은 '자기소개서'다. 문제는 이 자기소개서가 천편일률적이라는 점이다. 엇비슷한 스펙에 똑같은 자기소개서를 제출하는 순간, 이미 그 응시자는 경쟁에서 한발 밀리고 있는 것이다. 자신의 경험, 그를 통해 얻은 배움, 거기에서 형성된 자신만의 가치관… 이런 것에는 정답이 없다. 그저 큰 틀에서 자신이 부딪히며 생성해야만 가능한 것이기 때문이다.

스펙에만 둘러싸여 어느 샌가 나 자신, 내 꿈, 내 미래를 잊어버리고 있는 것은 아닌가. 남들이 옳다고 해서 그것이 나에게도 똑같이 적용되는 것은 아니다. 나는 나이고, 내 삶은 내가 꾸려 나간다. 내가 보고 듣고 고민하고 그래서 얻은 것들이 있어야, 면접에서도 면접관의 얼굴을 정면에서 쳐다보며 자신을 내세울 수 있는 것이다.

인생에 정답은 없다. 그리고 그 정답 없는 인생은 우리에게 단 한 번밖에 주어지지 않는다. 의미 있는 시간을 보내야 할 시기에 남의 말을 듣고 아까운 시간을 낭비하지 말자. 그렇기엔 지금 여러분이 가진 청춘의 시간이 너무도 빛나고, 너무도 짧다.

4 열등감은 스스로를 파괴하는 무서운 병

"20대에 실패란 없다. 단지 실수만 있을 뿐이다."

방송인 김제동 씨가 한 말이다. 나는 이 말에 전적으로 동의한다. 청춘은 실수를 통해 세상에 대한 맷집을 키우는 시간이다. 젊은 날 실수가 없는 사람은 유리멘탈을 가질 확률이 높다. 다양한 경험은 다양한 상황에서 우리에게 적절한 해답을 안겨준다. 아무것도 하지 않은 채 20대를 보내는 것만큼 불행한 것은 없다.

그런데 그 소중한 청춘의 시간에 우리는 남과 비교하며 자신을 깎아내리기 바쁘다. 자신보다 앞서 나간 듯한 사람을 비교 대상으로 내세우며, 주저없이 스스로에게 낮은 점수를 준다.

지금 대한민국은 열등감이 지배하는 나라이다. 젊은이들은 매사에 비교당하며 산다. 어렸을 때부터 비교당하는 교육에 휘둘리며 살았다. 얼굴, 몸매, 노래, 재능, 성적 등등 모든 일에서 비교당하고, 남보다 조금이라도 우위에 있는 사람은 안도하고, 그렇지 못한 사람은 기가 죽고 불안하다. 심지어 즐기기 위해서 하는 게임에서도 남과 비교당해야 한다.

열등감은 인간의 생각을 좀먹는 무서운 병이다. 일상을 파괴시키고 만족감을 빼앗아가며, 행복한 심리는 오로지 남의 우위에 섰을 때만 가능하다. 모두가 1등이 될 수 없다는 것을 알면서도, 1등이 아닌 자들은 1등보다 더 낮은 사람으로 평가된다. 사회에 나가면 이런 비교는 더하다. 입사해서는 동기와 비교가 되고, 업무에서는 타 부서와 성적이 비교된다. 모든 것이 비교다.

이런 비교의 흐름 앞에 감정적인 위안과 위로는 해결책이 되지 못한다. 못 본 척 무시하는 것 또한 마찬가지이다. 지금 이 시각에도 우리들은 '남과 비교하는 삶'을 살고 있다. 직장, 학교, 인터넷 등과 같은 다양한 공간과 매체를 통해 능력과 연봉, 학력과 외모, 건강과 신체 조건, 재력과 가족관계에 이르기까지, 셀 수 없을 정도로 다양한 부분을 남과 비교하며 사는 것이다.

그런데 중요한 것은, 이 세상 어떤 분야에도 절대적인 우위는 없다는 점이다. 어느 상황에서든 나보다 월등한 능력, 외모, 스펙을 가진 사람들은 반드시 존재한다. 그런 사람들을 보면서 우리는 손쉽게 열등감에 빠지고, 내가 지금 가진 것들을 우습게 생각한다. 나아가 자신을 무능하고 무가치한 존재로 여기며, 자기 존재를 부정하는 단계까지 발전하게 된다.

　　취업 준비생뿐만 아니다. 자신을 잃고 바쁘게 살아가는 현대사회에서 인간은 만족감과 우월감을 느끼기보다 상실감과 열등감에 더 쉽게 매몰되며, 이러한 개인의 열등 콤플렉스는 점차 사회적 문제로 대두되고 있다.

　　물론 비교, 그 자체가 나쁜 것은 아니다. 비교하는 방법이 문제다. 문제는 현대사회에서 필연적으로 발생하게 되는 열등감이다. 와다 히데키의 『남과 비교하며 살지 마라』라는 책을 보면 "열등감은 감정적인 위로가 아닌, 가장 적확하고 실제적인 대안으로 모색되어야 한다"고 강조한다.

　　인간은 필연적으로 사회에 적응하며 살아가야 하는 존재다. 즉 자기 이외의 사람들과 자신을 비교하며, 사회가 요구하는 기준에 맞추어 살아가지 않으면 안 된다. 현대사회뿐만 아니라 과거에도, 인간이 사회를 떠나지 않는 한, 경쟁과 비교는 피할 수 없다. 인류 역사에서 가장 빠른 변화가 이뤄지고 있는 21세기야말로 이런 경쟁의 최종판이라고 할 수 있다.

　　결론적으로, 이 사회에서 경쟁을 피해 자기 위안을 찾을 곳은 그리 많지 않다. 경쟁은 필연적이다. 다만 획일적인 서열화를 위한 경쟁이 아니라 자신이 잘하는 분야, 잘할 수 있는 분야를 발견하고 적극적으로 경쟁해야 한다. 즉, 경쟁의 대상이 어제의 '나'일 뿐, 다른 누가 돼서는 안 된다는 말이다.

자기 발전을 위한 비교 대상은 어제의 '나'여야 한다. 어제보다 나은 오늘의 '나'를 만드는 것이 중요하지, 누가 나보다 앞서 나가느냐가 중요한 것이 아니다. 인생은 생각보다 긴 마라톤이다. 오늘 내가 부러워하는 대상이 10년 뒤, 20년 뒤에는 나보다 더 어려운 상황에 처할 수도 있다.

"비교하려면 자신과 하라."

이를 다른 말로 바꾸면, 지금 당신이 꾸는 어떤 꿈도 우스운 것이 아니라는 것이다. 평범한 꿈이든 못난 꿈이든, 당신이 꾸는 순간부터 그것은 생명력을 얻게 된다. 꿈이 아니라 현실이어도 그렇다. 대기업에 못 간 당신이, 공무원이 되지 못한 당신이, 그들보다 떨어진다고 생각하는 사람이 있다면 인연을 끊어라. 그들은 산업화시대에 젖어든 잘못된 경쟁 관념을 지닌 사람들이다.

당신은 온전히 당신이며, 경쟁의 대상도 당신이어야 한다. 대기업이 아닌 중소기업이어도, 공무원이 아닌 알바생이라 하더라도, 어제의 나보다 오늘의 내가 조금 더 발전하고 또 그것이 나를 즐겁게 한다면, 이미 당신은 행복한 인생을 살고 있는 것이다.

인생을 왜 사는가? 행복하기 위해서 산다. 그렇다면 행복은 무엇인가? 그것은 당신만이 알 수 있다. 지금 당신이 행복하다면 충분히 성공한 것이다. 혹자는 경제적으로 힘든데 어떻게 행복하다고 할 수 있냐고 묻는다. 돈버는 것이 당신의 행복이라면, 그것도 많은 부가 행복이라면, 굳이 직장에 들어갈 필요가 있는가? 오히려 자신에게 맞는 장사나 영업을 택하는 편이 나을 것이다.

어느 분야든 뛰어난 사람은 있다. 그 뛰어난 사람을 내가 이겨야만 승리자가 되는가? 그런 규칙이 있는가? 뛰어난 사람은 뛰어나라고 하면 된다. 나는 그저 어제의 나보다 한 걸음 더 나아가면 된다. 그리고 그것이 행복하다면 충분히 성공한 셈이다.

이 세상에 비웃음을 당해도 싼 사람은 없다. 굳이 남을 비웃고 싶으면, 그런 마음을 가진 자신을 비웃어라. 남과 비교해 스스로 위축되려고 하는 자신을 비웃어라. 당신의 인생은 당신 자신의 것이다. 그런데 지금 그런 인생을 열등감 따위로 상처 주고 있는 것은 아닌가? 그렇다면 당장 멈추어라. 우리에게는 그럴 시간이 없다.

"선택이란 하나를 택하는 것이 아니라 다른 하나를 버리는 것을 말한다."

열망은 욕심을 탄생시킨다. 욕심은 열등감을 자극하고, 열등감은 자신을 채찍질하며 보다 높은 곳에 우리를 올려놓는다. 이것이 지난 산업화시대를 관통하는 화두였다. 열망, 야망, 상승 등의 단어로 우리는 늘 앞으로 나아가거나 위로 올라가야만 했다.

하지만 그것은 모든 것이 어정쩡했던, 그래서 자리가 잡히지 않았던 시대의 이야기다. 지금 우리는 정리정돈되어 있는, 규칙과 원칙이 분명히 존재하는 시대에 살고 있다. 이제 건설, 건축 등의 하드웨어 사업은 한계에 부딪혔고, 성공신화는 IT 쪽으로 기운다. 흥미로운 것은, 이런 IT에서는 사람이 없어서 허우적대고 있다는 것이다.

아래에 소개하는 칼럼은, 2012년 한빛미디어 네트워크에 실려 많은 이들의 공감을 얻었던 글이다. 필자는 Mike Loukides라는 사람이고, 제목은 「스펙에 대한 집착으로 우수한 인재를 놓칠 수 있다」이다. 다소 길더라도 한 번쯤 읽어보기 바란다.

사람을 구하기 힘든 이유가 마땅한 지원자가 부족해서일까? David Heinemeier Hansson는 5년차 Ruby On Rails 경력자를 찾는 이에게 그 자신의 경력도 4년뿐이라고 했다(역주: David Heinemeier Hansson은 Ruby On Rails의 창시자이다).

지난주에 본, 특정 분야에 기술력을 보유한 스타트업이 그들의 API를 사용해 본 경험이 있는 사람을 뽑는다는 공고는 나로 하여금 미간을 찌푸리게 했다. 사람을 구하기 힘든 서글픈 시장의 상황 때문만은 아니었다.

실업률이 높기는 하지만, 적어도 컴퓨터 산업에서만큼은 일자리가 부족하지 않다. 나는 여전히 사람을 구하는 많은 회사를 알고 있고, 이들은 쓸 만한 사람을 찾을 수 없다고 토로한다. 내가 컴퓨터 산업에 대해서만 알고 있어서, 다른 분야의 상황을 제대로 인지하지 못하는 것일 수도 있겠지만, 적어도 실리콘벨리에서는 신생 회사 중 인력 부족에 시달리지 않는 회사를 찾기란 거의 불가능하다. 그리고 몇 번만 검색해 봐도 이러한 인력 부족 현상은 운송, 간호, 제조, 교육 등의 다른 분야에서도 마찬가지로 존재한다는 것을 알 수 있게 된다.

스펙이 부족한 지원자가 문제일까? 아니면 그 스펙이 문제일까? 좋든 나쁘든, 시장에는 구조적인 변화가 있었다. 많은 직업이 해외로 빠져나갔고, 자동화로 인해 없어지기도 했다. 또, 어떤 회사는, 빠져나간 직업을 다시 가지고 들어오기도 했다. 그러나 이것이 사람을 뽑기 힘든 문제의 모든 원인은 아니다. 최근의 많은 글들은, 이런 인력 부족의 원인이 구직자가 아닌 사람을 뽑는 구인자의 문제라 지적한다. 회사가 그들이 요구하는 조건에 지원자를 너무 맞추려 한다는 것이다. 사람을 뽑을 때, 자사의 API를 사용해 본 경험을 조건으로 내거는 스타트업이 생기는 이유이다.

더욱이 많은 회사에서(사람이 전혀 개입하지 않는) 이력서 자동 필터링 기술을 사용한다고 하니, 이제는 지원자가 자신을 어필할 수 있는 기회조차 박탈당하는 것이다. 어떤 사람을 찾는지 제대로 알지도 못하는 HR 부서에서 나열한, 현실과 동떨어진 요구 조건을 충족한 이력서만 남게 될 테고, 탈락자에게는 어떠한 설명도 할 수 없을 것이다. 넘쳐나는 이력서 중에 조건을 충족하는 이력서가 하나도 없다면, 지원자에게 문제가 있는 것일까? 핵심은, 융통성 없는 항목으로 구성된 조건으로는 적절한 사람을 선별하지 못한다는 데 있다.

내 주변에는, 여전히 대학·고교 중퇴자, 혹은 컴퓨터와 관련 없는 학과 출신으로 컴퓨터 분야에서 성공한 수많은 사람들이 존재한다. 그들이 특별한 경우라고는 생각하지 않으며, 실제로도 그렇지 않다. 대학에서 프로그래밍에 관련된 학위를 따는 것이 최고의 프로그래머가 되기 위한 한 가지 방법이 될 수는 있다. 다만, 스펙에 치중하고 자동화된 시스템으로 이력서를 검토해서는 좋은 사람을 뽑을 수 없다는 건, 내 친구가 이미 30년 전에 증명한 사실이다.

지난 토요일, Outbrain의 미국 영업 관리자인 Nathan Milford와 커피를 마시며 합성생물학, 하드웨어 해킹 등의 잡다한 주제에 대해 이야기를 나눴다. "사람을 뽑을 때, 나는 지원자가 우리의 문화와 맞는지를 봐. 성격이 밝은지, 배우려는 자세가 되어 있는지. 그게 다야. 경력이 어떻고 하는 등의 이야기는 우리에게는 별로 중요하지 않아."

이것이 뽑을 사람이 없다고 불평하기 전에 우리가 취해야 할 자세일 것이다.

칼럼이 길어 상당 부분 줄였지만, 여기서 우리가 알 수 있는 것은 분명하다. 합리적인 것을 중요시하는, 그것도 최상의 실력자가 필요하다고 말하는 미국의 IT업계도 더 이상 스펙에 연연하지 않는다는 것이다. 아니 스펙보다 조직 융화에 방점을 둔다. 우리나라도 머지않아 이런 분위기가 형성될 것으로 보인다. 애써 뽑았던 인재가 이직하는 것이 너무나 쉬워지는 현 시점에서, 뛰어난 스펙보다 적응 가능한 인원에 초점을 맞추는 것은 어쩌면 당연한 일이지도 모른다.

취업 준비생들도 스펙에 대한 열망을 버려야 한다. 다시 말하지만, 모두가 똑같은 조건으로 입사 서류를 꾸미면 당락은 별것 아닌 데서 결정된다. 차라리 스펙을 꾸밀 시간에 자신에게 맞는 일이 무엇인지 찾기 위해 다양한 경험을 하라.

혹자는 "그러다 취업 못하면 어떻게 해요?"라고 묻는다. 그렇다면 나도 되묻고 싶다. 경험을 다양하게 쌓아온, 더욱이 자신에게 확신과 자신감을 가진 신입사원을 알아보지 못한 직장에 들어가서 무엇을 얻으려고 하는가? 당신의 경험을 가치 있게 봐줄 회사는 충분히 존재한다. 다만 당신에게 버리는 기술이 없어서 매달릴 뿐이다.

선택이란 무엇을 고르는 것이 아니라 버리는 기술이다. 의미 없는 스펙 쌓기를 그만두면, 우리에게 돌아오는 것은 시간이다. 그 시간에 자신이 원하는 경험을 쌓도록 하라. 그것이 바로 여러분이 쌓아야 할 진정한 스펙이다. 지금 당신이 스펙에 매달리는 것은 절박함 때문일 수도 있다. 하지만 모두가 똑같은 스펙과 비슷한 자기소개서를 가지고 지원한다면, 면접관은 차라리 학벌이 제일 좋은 지원자를 택하고 끝내고 싶을 것이다.

취업하려는 욕심에 스펙을 쌓았다가 남의 들러리만 서고 마는 것이 아닌가. 그러기에는 여러분의 시간이 너무 아깝지 않은가.

6 우물 밖으로 뛰쳐나가라

언제인지 기억은 잘 나지 않는데, 우연히 TV에서 어떤 기획 다큐멘터리를 본 적이 있다. 〈세계를 보라〉라는 제목의 이 다큐의 주인공은 당시 23세의 김영석 씨였다. 뉴질랜드로 해외 연수를 떠난 김 씨를 따라다니며 그의 일상을 보여주는 것인데, 놀랍게도 그는 불과 5개월 전까지 영어 문법 하나 제대로 기억하지 못했던 전문대 중퇴의 청년이었다.

그런데 이제는 글로벌 회사에 취업을 준비 중이다. 김 씨는 지난 2010년, 울산에서 실업계 고등학교를 졸업하고 전문대에 입학했지만, 비싼 학비를 들여가며 학교를 다녀야 할 필요성을 느끼지 못했다고 한다. 결국 10일 만에 자퇴를 결정하고 군 입대를 하게 된다. 중퇴가 아니라 입학 포기인 셈이다.

김 씨는 이후 약 2년의 군 생활 동안 휴가 나오는 날엔 제주도 여행이나 각종 행사에 참가하는 등 다양한 경험을 쌓고, 여러 사람들과 어울리면서 자신의 꿈을 돌아보게 된다. 또래들과 마찬가지로 마땅히 되고 싶은 게 없었던 그는, 우연히 군 생활 속에서 '해외여행 가이드'라는 꿈을 발견하게 됐다고 한다.

이후 제대하자마자 한국산업인력공단의 '해외 취업 연수 프로그램'을 접하게 됐고, 5개월간 자신만의 방법으로 영어를 공부한 덕에 영어 인터뷰까지 멋지게 통과했다. 그 다음, 국비 약 4백만 원을 지원받아서 해외 연수 및 취업을 하러 뉴질랜드로 떠날 수 있었다고 한다.

이 방송에서는 김 씨가 취업을 했는지 안 했는지는 나오지 않았다. 하지만 난 충분히 취업했을 것이라고 생각한다. 자기가 잘할 수 있는 일을 찾았고, 짧은 시간이지만 그 일에 최선의 노력을 다한 사람은 어디에 있어도 자신의 역할을 충분히 해낼 수 있기 때문이다.

사람들은 보통 김 씨 같은 조건이면 국내에서는 공장이나 요식업 말고는 취업이 거의 불가능하다고 생각한다. 그런데 그렇지 않다. 그것은 편협한 생각이고, 우물 안에 갇혀 있는 생각이다. 직장은 대단한 신입사원을 뽑는 것이 아니다. 어차피 누군가 들어오면 처음부터 다시 가르쳐야 한다. 즉, 빵빵한 스펙을 가진 사람이 아니라, 열심히 배울 자세가 되어 있는 사람을 원한다는 뜻이다.

우리가 사는 시대는 실업자 390만, 청년 취업 준비생

120만 명 시대다. 이것도 공식적인 통계일 뿐, 실제로는 이 보다 더 높다. 과거와 달리 이제는 학벌이 좋다고 해서 바로 취업할 수 있는 것도 아니다. 더욱이 상당수의 대학 졸업생은 자기가 뭘 하고 싶은지조차 모르고 졸업해서 곧바로 취업 전선에 뛰어든다.

그래서 스펙 쌓기에 시간을 투자하고, 자기소개서를 소설로 쓰고, 성형이다 뭐다 집중 투자를 한다. 이것이라도 해야 불안감을 덜 수 있기 때문이다. 하지만 눈을 돌려보면 그런 무의미한 시간 투자를 하지 않고도 나아갈 수 있는 길들이 많다. 앞서 말했던 해외 취업도 하나의 방법이다. 생각보다 정부의 해외 취업에 대한 지원이 많다. 뭐 대단한 것은 아니지만, 그래도 찾아보면 어떻게 할 수 있을지 판단이 서기도 한다.

해외 취업뿐만 아니다. 중소기업 취업, 창직 등 대기업과 공무원에서 약간만 눈을 돌려도 길은 열려 있다. 그렇다고 아무나 합격하는 것은 아니다. 어느 정도의 시간 투자와 노력이 필요하다. 하지만 이 노력은 불안감을 해소하기 위해 스펙 쌓기에 투자하는 시간보다 훨씬 적으며, 나아가 스스로에게 목표를 부과한 것이기 때문에 생각보다 진도도 빠르다.

취업한 제자들과 종종 이야기를 나눠보면 그들 상당
수가 "좀 더 일찍, 시야를 넓게 가질 걸 그랬다"며 후회하는
경우가 있다. 한 졸업생은 "취업시장이 좁아진다고 뉴스나
신문에서 이야기하는데, 모든 업종에서 다 그런 것은 아니
다"면서 "그런데는 연봉 많이 주는 곳, 편안한 곳, 남들이 알
아주는 곳, 이런 곳에 한정된 얘기다"라고 말한다.

그에 따르면, "취업문이 좁아도 갈 곳은 많은데, 구직
자가 가지 않을 뿐"이라는 것이다. 그는 유통업계에 있는
데, 그 역시 졸업 후 상당시간 스펙 쌓기에 집중하다 결국은
대기업 입사를 포기하고 중소기업에 뛰어든 케이스다. 그
는 입버릇처럼 후배들에게 "기업이 원하는 궁극의 인재는
회사에 이익이 되는 사원"이라고 말한다.

구체적으로 풀어보면, 회사 일 잘하고 지시 잘 수행하
고 돈 많이 벌어다 주는 사원이라는 것이다. 취업 면접장에
들어가는 면접관들은 피면접자의 머리 위에 앉아 있는 사
람들이다. 그들 역시 과거에 피면접자였으며, 현재는 수백
명의 피면접자들을 면접하고 있다. 그들이 원하는 것은, "뽑
아 놓고 보니 아무짝에도 쓸모가 없다"는 일선 부서의 불평
불만을 듣지 않는 인재다.

앞서 말한 졸업생 역시 취업하고 보니 대학에서 배운

것을 직장에서 써먹을 기회가 거의 없었다고 한다. 열심히 쌓은 스펙도 그냥 회사원끼리 농담 따먹기 할 때나 거론될 뿐 실전에서는 전혀 도움이 안 되었다. 오히려 입사하고 처음부터 다시 배우는 게 더 힘들었다고 한다.

이 졸업생뿐만 아니다. 졸업한 제자들과 이야기를 해 보면 거의 공통적으로 "취업의 문을 스스로 한정시키지 말고, 눈을 넓게 보라"고 조언한다. 좋은 곳, 알아주는 곳만 보고 도전하다 보면 몇 번의 실패 이후 스스로 크게 위축되기 마련이다. 또 포기하는 심정으로 눈높이를 낮춰 직장에 들어가도, 나이가 많은 데다 새로운 지식을 습득하는 데 시간이 늦어져서 적응하지 못하는 경우도 상당하다.

그것을 극복하기 위해서는 취업 준비생 때보다 더 많은 노력을 기울여야 할 수도 있다. 그래서인지 졸업생들은, 취업 준비생 때 좀 더 일찍 눈을 다른 데로 돌렸으면 더 빠른 적응과 발전을 할 수 있었을 걸 하는 후회를 자주 한다.

우리가 사는 사회는 생각보다 다양하다. 여러 가지 기업이 있고, 또 다양한 직군이 있다. 그들 대부분이 화려한 스펙을 요구하지 않는다. 오히려 스펙이 많은 직원을 꺼리는 중소기업도 많다. 취업시켜도 얼마 버티지 못하고 금방 떠날 것을 우려해서다. 어차피 기업에서 요구하는 기본적인 자질은 성실과 열정이다. 이것만 잘 갖추고 있어도 받아줄 직장은 생각보다 많다.

그러니 눈을 크게 뜨고 세상을 돌아보라. 어쩌면 해외에서 당신을 원할 수도 있다. 여러분 스스로는 자신이 준비되지 않았다고 생각하더라도, 그런 여러분을 간절히 필요로 하는 기업도 있을 수 있다. 겉으로 보이는 스펙이 아니라 내면의 스펙을 쌓도록 하자. 자신에 대한 예리한 통찰, 그리고 다양한 경험이 바로 소중한 스펙이다.

이것만 제대로 갖춰도 충분히 취업이 가능하다. 만약 이도저도 안 된다면 1인 기업을 차려도 좋다. 세상은 넓다. 그리고 갈 곳도 생각보다 많다. 그런데도 이대로 멈춰 서서 스펙 쌓기에 매달리기만 할 것인가? 누구를 위해서 취업하려고 하는가? 당신의 인생은 당신의 것이다.

만족하고 거기에 열정을 쏟을 수 있는 곳이라면 그곳이 바로 최고의 직장이다.

Chapter 05

전문가가 권하는 연령별 라이프 설계

66

취업 또는 취직의 본질은 생계와 자아실현이다.

취업하고 싶은 회사를 설정하기 이전에

자신을 정확히 파악하는 게 우선이다.

자신을 파악하고

원하는 회사를 알아가면

과도한 스펙 쌓기를 막을 수 있다.

99

1 20대

- 대학생 : 불필요한 스펙에 자신을 낭비하지 마라

여기 두 학생이 있다. 한 학생은 고등학교를 졸업 후 대학도 다니지 않고 취업도 하지 않았다. 그가 4년 동안 한 일이라고는 소파에 누워 TV를 본 것뿐이었다. 다른 학생은 고등학교 졸업 후 대학에 진학했다. 그리고 취업하기 위해 스펙을 쌓았다. 등록금 포함 4년간 스펙 쌓기 비용은 4천3백만 원(청년 유니온 평균 비용)으로 다른 비용까지 포함하면 5천만 원에 가까웠다. 많은 비용을 투자했지만, 그는 원하는 곳에 취업하지 못했다. 그래서 그가 향한 곳은 공무원 학원이었다. 시험 교재, 인터넷 강의, 고시원 생활비가 또 들어갔는데, 그 돈은 부모님 노후 준비 자금이었다.

이 상황은 인터넷에서 우연히 본 세대 풍자 만화다. 사람을 비용 대비 효과로만 따지면 안 되지만, 비용 자체로 본다면 두 사람 중 누가 효과를 거두었을까. 누가 부모에게 부담을 덜 주었을까. 한 번쯤 생각해 볼 문제다.

"단군 이래 최고의 스펙을 자랑하는 20대"라는 소리를 듣는 만큼 요즘의 20대에게 '대학 낭만'은 사치가 되었다. 대학 입학과 동시에 학생들은 희망하는 기업 스펙 쌓기에 들어간다. 스펙 종류도 학점, 토익, 어학 연수, 자격증, 공모전, 해외 봉사, 취업 성형 등 많기도 하다. 그러나 허무하게도 이 모든 스펙은, 실제 현장에서는 별반 도움이 되지 않는다.

취업 시즌이 되면 학생들과 이야기할 시간이 많다. 4년 동안 나름 만들어낸 결과물을 보고 취업 컨설팅을 한다. 어느 남학생의 사회 경험에 '와인 감별 체험 프로그램'이 있었다. 2박3일로 이루어진 프로그램의 비용은 50만 원 선이었다. 전공이나 취업하고 싶은 회사를 생각하면, 매칭이 되지 않는 체험 프로그램이었다. 해외 연수 경험이 있는 것도 아니고, 이력서에 무언가 채우기 위해 체험했다는 설명이다. 인사 담당자 입장에서는 얼마나 흥미를 느낄지, 실무에 얼마나 도움 될지 모르겠지만, 이러한 현상이 바로 과도한 스펙 쌓기의 전형이다.

기업 인사 담당자를 만나면 매번 듣는 소리가 "대학 교육이 기업 현장과 미스 매칭"이라는 말이다. 채용하면 다시 교육해야 한다는 이야기다. 몇 년 전부터 미스 매칭 해결을 위해 현장 실습이나 인턴십 참여를 통한 '산학협력'을 강조하고 있지만, 효과를 내지 못하고 있다. 가장 큰 원인은

'카더라' 통신의 남발이다.

채용은 다양한 변수를 지니고 있다. 회사 상황에 따라 바뀌는 경우가 많기 때문에 정답은 존재하지 않는다. 정답이 없기에 '카더라' 통신에 휩쓸려 이것저것 준비하다 보니 과도한 스펙을 쌓게 되는 것이다.

취업 또는 취직의 본질은 생계와 자아실현이다. 취업하고 싶은 회사를 설정하기 이전에, 자신을 정확히 파악하는 게 우선이다. 자신을 파악하고 원하는 회사를 알아가면 과도한 스펙 쌓기를 막을 수 있다. 강의를 나가면 '3자대면'이란 말을 풀어내서 이렇게 설명한다.

3자– 자신감, 자기 분석, 자기 관리

대– 대인관계(인성)

면– 면접 준비(자기 PR)

너무나도 기본적인 내용 같지만, '카더라' 통신에 휩쓸리다 보니 깊이 있게 자신을 알지 못한다. 자신을 정확히 알기는 참으로 어렵다. 최근에는 자기 분석을 도와주는 여러 프로그램이 있으니, 그런 프로그램의 도움을 받는 것도 방법의 하나다. 나 또한 그런 프로그램을 운영하고 있는데, 프로그램을 진행하다 보면 간혹 취업 정보나 빨리 달라는 학생이 있다. 급한 마음일 뿐이다. 팍팍해진 세상에 조금 더 빨리 가려는 마음이라는 걸 이해하지만, 길게 본다면 자신이 무엇을 잘하고 좋아하는지도 모르고 취업했다간 본인의 불행은 물론 회사도 큰 손해를 입는다.

신입사원 10명 중 7명이 1년도 못 채우고 이직을 고민한다는 통계가 있다. 원인으로는 '적성이 맞지 않는다'는 비율이 매우 높다. 자신을 파악하는 데 조금만 더 투자했다면 결과는 달라졌을 것이다.

'3자 대면'에서 면접 준비를 강조한 이유는, 취업의 승패는 면접에 달려 있기 때문이다. 하지만 대부분의 학생들이 면접에 약하다. 자신감 부족도 있겠지만, 평소 생각을 정립하지 못해서다. 자신의 생각을 정립하고 가치 기준을 세운다면, 면접에서 자신 있게 말할 수 있다. 인사 담당자들은 몇 백 명 이상 채용을 경험한 사람으로, 정석적인 정답은 이미 다 알고 있다. 평소의 생각 정립이 면접 준비라는 생각을 잊지 말자.

과도한 스펙 쌓기 이전에 자신을 파악하는 데 집중하고, 회사가 원하는 실무적인 실력을 쌓는 게 우선이다. 회사는 스펙이 아니라 실무형 인재를 원하고 있다. '카더라' 통신에 귀를 막자. 정확한 정보를 얻고 싶다면 대학 안의 담당자를 찾아라. 담당자들은 회사와 직접적인 네트워크가 존재해 정확한 정보를 얻을 수 있다.

취업이 어렵다 보니 스펙에 집중할 수밖에 없는 게 현실이다. 하지만 여러 가지 소문에 휘둘리기보다 제대로 된 전문가를 만나서 필요한 스펙만 쌓자. 그러기 위해서는 적극적으로 발품을 팔자.

스펙 이야기만 계속했는데, 젊은 날에는 누려야 할 당연한 특권이 있다. 저성장이다 보니 이런 특권을 누리지 못해 안타까울 뿐이다. 그렇지만 분명 그 나이만 누리는 특권이 있다. 도전 정신과 다양한 경험을 쌓는 일이 그것이다. 지금 시기밖에 없다는 마음으로 도전하고, 다양한 경험을 마음껏 쌓자. 훗날 돌아보면 후회가 없도록 말이다.

- 신입사원 : 미생에서 완생으로

치열한 경쟁 끝에 취업에 성공하여 큰 기대를 품고 회사에 나가지만, 갈수록 실망만 늘어난다. 가장 많이 하는 업무가 '복사하기'라는 말도 있다. 높은 토익 점수에 해외 어학 연수까지 마쳤지만, 가장 많이 쓰는 영어단어가 'A4'라는 말도 있다. 이외 여러 가지 이유로 1년도 못 채우고 이직하는 신입사원이 늘어나고 있다.

모든 일이 그러하듯 회사 역시 내 의지대로 움직일 수

있는 곳이 아니다. 회사에는 이익 창출을 위한 매우 복잡한 메커니즘이 존재한다. 메커니즘을 이해하기 위해서는 최소 대리 직급인 3년 이상 머물러야 한다. 널뛰기 하듯 1년도 못 채우고 움직인다면, 이익 창출 메커니즘 근처도 못 가보고 새로운 일을 찾아갈 뿐이다.

"회사의 첫 번째 고객은 누굴까?"

내가 강의에서 종종 하는 질문이다. 물건을 팔아주는 고객일까? 일거리를 주는 원청업체일까? 물론 그럴 수 있다. 하지만 내가 원하는 대답은 '상사'이다. 상사가 마음에 들지 않아도, 상사는 내가 회사에서 만난 첫 번째 고객이다. 신입사원이라면 상사를 평가하기 이전에 상사를 한 번이라도 고객으로 대한 적이 있는지 생각해 보자.

'회사는 선택할 수 있어도 상사는 선택할 수 없다'라는 말이 있다. 상사는 선택 사항이 아니다. 또한 인사팀 혹은 사장이 그 자리에 앉힌 이유가 있다. 즉, 상사에게는 내가 보지 못한 '그 무엇'이 있다는 뜻이다.

회사는 이익 창출을 위해 모인 곳이다. 인간관계 역시 이익 창출이란 대전제를 피할 수 없다. 상사를 '고객' 관점으로 본다면, 상사가 원하는 보고서를 작성할 수 있으며 상사가 원하는 행동을 할 수 있다. 무작정 아부하란 뜻이 아니다. 상사를 고객으로 본다면, 나는 물론 회사와 상사 모두 이익이라는 점이다.

원하지 않는 회사에 입사했을 때는, 이직을 꿈꾸거나 자포자기하며 회사를 다닌다. 영혼 없이 출근을 하거나 퇴근하는 것이다. 만약 당신이 이런 고민을 하고 있다면, 더도 덜도 말고 1년만 미치도록 다녀보자.

1년 동안 누구보다 열심히 일했는데 채워지지 않는다면, 미련 없이 그곳을 떠나라. 그곳은 당신이 있어야 할 곳이 아니다. 단 정말 열심히 했는지를 스스로에게 물어보고 "그렇다"고 말할 자신이 있다면 말이다.

1년 동안 누구보다 열심히 일하기 위해선 자신의 정체성을 확보해야 한다. '왜 일하는가?'부터 스스로 정립을 해야 한다. 단순히 돈을 벌기 위해서라면 회사보다 사업을 꿈꾸는 게 더 빠르다. 반면 일해야 하는 명확한 이유가 있다면 미치도록 일할 수 있다. 정체성을 찾기 힘들면 회사의 사훈이나 모토를 가슴에 담아라. 현실과 이상은 분명 다르지만, 그 안에서 자신의 정체성을 확보할 수 있다.

회사 안에 존재하는 개선 사항을 끊임없이 찾고 연구한다면 지루할 틈이 없다. 개선 사항이 적용될지 안 될지는 미리 판단하지 말자. 적용된다면 좋은 것이고, 적용되지 않는다면 실력을 향상할 수 있다. 스스로에게 지루할 틈을 주면 안 된다. 또한 자신의 업무를 효율적으로 개선한다면 월급이 아깝지 않은 존재로 자리매김할 수 있다. 그렇게 1년 동안 미치도록 일하다 보면 일의 재미를 느낄 수도 있고, 그 안에서 다른 길을 찾을 수도 있다. 상사의 인정 역시 자동으로 따라올 것이다.

1년 정도가 지나면, 메커니즘 파악은 어렵더라도 일에 대한 겉핥기는 알 수 있다. 회사를 다녀야겠다고 느낀다면 '업'에 대한 본질적인 접근이 필요하다. 직장 안에서 일어나는 수많은 인간관계에서 1년 정도된 신입사원은 자유로울 수 있다. 즉 직장 안에서 일어나는 복잡한 인간관계보다 '업무'에 대한 본질적인 물음만 해결되면 된다. 직장생활에서 업무에 대한 본질적인 문제를 연구할 수 있는 시기는 매우 짧다. 이 시기가 바로 입사 후 1~3년차이다. 직무별로 달라질 수 있지만, 근무 연수가 쌓이면 인간관계나 정치에 집중할 수밖에 없다.

입사 직후 '이 회사가 정답'인지 지레짐작 고민하지 말자. 주어진 업무에 1년만 후회없이 달려보자. 당장에는 하는 일이 하찮을 수 있지만 열정을 다해 보자. 일에 대한 태도, 자세가 달라지는 자신을 발견할 수도 있다. 그래도 부족하다면 미련 없이 떠나라. 더도 덜도 말고 1년만 '완전한 몰입'을 경험해 보자. 또 아는가. 미생이 완생으로 탈바꿈할 수 있을지도.

- 샐러던트

명문대를 자퇴하고 '저녁이 있는 삶'을 외치며 9급 공무원 시험을 준비하는 학생들이 늘고 있다. 대학이 미래를 보장해 주던 시대는 20년 전에 종말을 고했다. 치솟는 등록금 때문에 사회에 나오기 전부터 빚쟁이로 전락하고, 취업을 했어도 학자금 대출을 갚기 위해 결혼은 엄두도 내지 못하는 것이 현실이다.

이런 현실 때문에 고등학교 졸업 후 취업을 선택하는 이들이 있다. 그들은 취업을 하고도 공부를 병행하면서, 이론과 실무 모두를 완비하고자 한다. 물론 일과 공부를 동시에 하기는 쉽지 않지만, 현실적인 대안으로써 지금 많은 사람이 도전하고 있다.

'일학습병행제'는 취업을 희망하는 청년을 학습근로자로 채용해, 현장 훈련을 하면서 동시에 전문대와 특성화 고등학교에서 이론 교육을 받게 하는 교육 훈련 제도를 말한다. 학점은행제, 사이버대학 등의 대안이 이에 속한다. 여기에서는 '일학습병행제'보다, 고등학교 졸업 후 취업을 한 20대를 다루고자 한다.

주변을 둘러보면, 고등학교 졸업 후 일과 학습 병행을 통해 성공한 인물이 다수 존재한다. 야간 대학교를 다니거나 자격증 취득이 대표적인 사례다. 『나는 회사에 미친 놈』이라는 다소 자극적인 제목의 책을 출간한 윤생진 선진 D&C 대표가 있다. 금호그룹 상무를 지내고 지금은 기업 강사로 활약하고 있는 그는, 고졸 생산직 사원으로 입사해 회사 안에서 '개선제안' 제도를 통해 이름을 알린 인물이다. 회사에서 주어진 교육 기회를 놓치지 않고 실무와 이론을 겸비하면서 국내 최초 고졸 출신 상무로 발탁된 것이다.

이런 사례는 우리 주변에 얼마든지 있다. 학벌이 무너지면서 실력으로 인정받는 시대다. 학교는 검증된 이론을 교육하는 곳이다. 검증까지는 많은 시간이 걸려 시대를 따라가지 못한다. 현장에 있다면 누구보다 실무에 강한 사람이 된다. 실무를 갖추고 이론을 공부한다면 학습 향상력이 빠를 것이다. 이런 장점을 최대한 활용할 필요가 있다.

일과 학습을 병행하고 있다면 시간 관리를 강조하고 싶다. 짧은 시간을 효과적으로 활용하기 위해서는, 시중에 나와 있는 학습법 또는 공부법에 관한 책을 참고하는 것도 좋다. 또한 명확한 목표를 설정할 수 있는 공부를 추천한다. '영어 잘하기' 같은 목표도 가치 있지만, 끊임없이 해야 하는 피곤함이 있다. '토익 800점' 같은 숫자화할 수 있는 목표를 설정할 수 있어야 한다.

인터넷은 일과 학습을 병행하는 사람에게 큰 무기가 되고 있다. 시공간을 초월하는 건 물론, 공인된 졸업장과 자격증 등도 얻을 수 있다. 대단위 공개 강의 K-mooc나, 사이버대학을 활용한다면 시공간 극복이 가능하다.

일과 학습을 병행하는 사람에게 또 하나의 벽은 정보 부족이다. 안타까운 현실이다. 좋은 정보는 알아서 찾아오지 않는다. 손품, 발품, 귀품을 팔아야 고급 정보를 만날 수 있다. 이때는 정부에서 운영하는 통합 사이트가 많은 도움이 될 것이다. 한국산업인력공단을 직접 방문하는 것도 추천한다.

커리어 관리도 빼놓을 수 없는 부분이다. 과거의 일을 모두 버리고 새롭게 시작할 수도 있지만, 시간과 비용적인 측면에선 손해가 크다. 학습을 시작할 때는 연관성을 먼저 고려하여야 한다. 가고자 하는 방향과 경력, 학습할 내용을 체계적으로 관리할 필요가 있다는 말이다. 원하는 길을 먼저 간 사람을 연구하여 포트폴리오를 작성해 보는 것도 좋다. 그 길을 따라만 간다면 완전히 똑같을 순 없어도 비슷하게는 갈 수 있기 때문이다.

현대인은 늘 시간 부족에 시달린다. 관점을 바꾸면 시간을 어떻게 활용하느냐에 따라 운명이 달라진다고 할 수 있다. 삶이 짧다고는 하지만, 분명한 목적을 가지고 세밀하게 꾸려간다면 원하는 삶을 이룰 수 있다. 실무 능력과 이론을 겸비한 사람은 누구보다 가능성이 높은 사람이다. 일과 학습의 병행은 세월을 앞당겨준다.

- 30대의 비상을 준비하라

학생 티도 벗고, 어엿한 사회인 모습을 갖춘 3년차 직장인은 20대 끝자락이거나 30대 초입이다. 복잡한 업무도 알아서 해내고, 기획도 할 만큼 실력을 갖췄다. 회사에 따라 다르지만 대리 직급 정도로 볼 수 있다.

3년차가 넘어가면, 회사 안에서 진급에 대한 꿈을 꾸거나 자기 일을 하고 싶은 꿈이 생길 때다. 어떤 꿈을 갖고 있든 실력, 체력 등이 왕성한 시기다. 에너지가 넘치는 아름다운 시기지만, 에너지를 낭비하면 30대에 많은 대가를 치룰 수 있다. 자기 관리가 어느 때보다 중요한 시기라 할 수 있다.

20대 후반에서 30대 초반은 남녀 할 것 없이 방황의 시기가 온다. 직장에 남을지, 공부를 위해 유학을 떠날지, 결혼을 할지… 선택 사항이 많기에 더욱 혼란스럽다. 이럴 때 나름 가지고 있는 삶의 이정표가 있다면 큰 도움이 된다. 이정표의 핵심 키워드는 '행복'이다.

'사람은 행복하기 위해 태어났다'는 말이 있다. 이 세상을 살아가는 이유는 간단하다. 행복하기 위해서다. 행복의 기준을 돈에 둔다면 큰돈을 벌어야 하고, 건강이 행복의 기준이라면 자기 관리를 철저히 해야 한다. 또한 행복의 기준이 가족에게 있다면, 가족들과 많은 시간을 보내기 위한 계획을 수립해야 할 것이다.

몇 년 전부터 언론, 출판에서 '행복'이란 키워드가 등장하기 시작했다. 행복 키워드가 등장했다는 뜻은, 많은 사람이 행복하지 않다는 반증이다. 행복이 무엇인지도, 행복의 기준을 생각할 차분한 시간적 여유도, 행복이 왜 필요한지도 알려주지 않았다. 흔들리지 않는 자신만의 행복 기준을 설정해야 할 때다.

행복 가치관 안에는 많은 부분이 들어 있다. 정신적 행복은 물론 물질적 행복, 가치관, 인간관계, 사랑, 소유 등이 있다. 나이가 찰수록 선택할 것은 더욱 늘어난다. 수많은 선택에서 나름의 기준을 가지고 있다면, 선택도 쉽게 할 수 있고 행동도 빠르게 할 수 있다.

행복 가치관을 설정할 때 먼저 해야 할 질문은 '어떤 사람으로 살아가고 싶은지'이다. 여기서 중요한 건, 누구의 눈치도 보지 말고 자신에게 집중해야 한다는 것이다. 가족, 사회, 국가 등은 차후로 미루어두자. 자신이 설정한 행복의 기준에서 가족, 사회, 국가로 차츰 넓히면 된다.

가치 기준에서 남들에게 피해를 주지 않는 범위라면 속물적인 것이어도 괜찮지 않을까. 코칭 했던 학생 중 한 명이 큰돈을 벌고 싶다고 말했다. 적극적으로 권장했다. 단 불법을 저지르지 않는 범위에서 말이다. 속물적인 가치 기준이 사회에 긍정적인 영향력을 행사할 때가 많다. 경기에 활력을 불어넣고, 고용을 창출하고 세상이 돌아갈 수 있는 재화를 만들어내기 때문이다. 중요한 건 내 기준은 나를 중심으로 만들어야 한다는 점이다.

행복이 사치인 시대가 되었다고 말한다. 과거는 행복보다 의무가 많았기 때문이다. 이젠 행복을 생각할 시대다. 나름의 기준을 만들고, 어떤 유혹이 와도 기준에 따라 움직여야 한다. 지금 하고 있는 일, 꿈꾸는 모습, 인간관계 등이 행복 기준에 부합하지 않다면 기준에 부합하도록 만들어 나아가면 된다.

- 회사 안에서 평생 직업을 설계하라

회사의 꽃은 두말할 것 없이 '임원'이라고 할 수 있다. 신입사원 중 임원을 꿈꾸지 않은 사람은 없다. 하지만 임원으로 가기 위해선 평균 22.1년이 걸리고 1천 명이 입사했다면 7.4명만 임원이 된다는 통계가 있다(2014년 기준). 100명 중 한 명도 될 수 없을 정도로 치열한 자리이긴 하지만, 임원이 회사의 꽃인 것만은 분명하다.

직장인 중에는 진급을 갈망하는 사람이 있는 것처럼 진급이 두려운 사람도 있다. 그들은 책임지지 않고 오래 버틸 수 있는 방법을 고민하며, 만년 과장으로 머물고 싶어 한다. 직장이 생계를 위한 월급은 물론 소속감, 안정감, 자아실현 등 많은 걸 제공해 주기 때문이다.

대학생은 취업을 위해 밤낮없이 분투하고 있다. 좋은 직업 또는 좋은 직장을 얻기 위해 치열하게 사는 것이다. 20대 때 분투하는 모습은 너무나 당연하다고 생각하는데, 20대의 분투가 당연하다면 30대는 어떠해야 할까?

"20대 때는 누구나 노력합니다. 하지만 30대 때 노력이 진짜 노력이고, 누구보다 앞서갈 수 있는 기회입니다."

경력 관리 강의 때 모 강사가 했던 말이다. 이 말을 듣고 아쉬움이 밀려왔다. 30대 때 누군가 이 이야기를 해주었다면 필자는 어떻게 변했을까 상상했기 때문이다. 20대는 누구나 노력을 한다. 30대에 하는 노력이 진짜 노력일지 모른다. 저성장과 취업이 어렵다고 해도, 대부분 30대 전후로는 자기 직업을 찾는다. 직장은 불안하지만 나이는 안정될 나이다. 임원을 꿈꾸거나 계속 직장에 머물고 싶다면, 30대에 20대 못지않은 분투를 해야 한다. 강조하고 싶은 건 '역량'을 길러야 한다는 것이다.

같은 수준의 지식과 역량으로 입사한 두 사람이 있다. 시간이 흘러 한 사람은 안정에 취해 과거 일을 반복하며 처리 속도만 빨라졌다. 10년간 빨리 처리하는 방법을 찾은 것이 아니라 몸이 빨리 하는 법을 익힌 것이다. 다른 한 사람은 빨리 처리하는 방법을 찾고 개선해 나갔다. 개선점을 찾기 위해 공부를 하고 다양한 능력을 겸비했다. 문제 해결 능력까지 갖춘 셈이다. 30대 때는 연봉이나 실력에서 큰 차이가 나지 않을지도 모른다. 하지만 서서히 벌어지는 1도의 차이처럼 40대 때는 분명 큰 차이로 나타난다.

회사에서 젊은 청춘을 보내고 구조조정의 대상이 되

는 경우를 본다. 누군가를 구조조정 한다는 건 잔인해 보일 수 있다. 하지만 기업의 존재 이유를 생각해 보라. 기업은 이익 창출을 위해 존재한다. 이익 창출이 있어야 고용도 있고 월급도 있다. 인간적으로 보면 슬픈 일이지만, 기업의 존재 이유를 보면 당연한 것이다.

또한 회사 연봉에 대해 불만을 가진 사람이 많다. 시스템적인 문제가 있을 수 있겠지만, 회사를 쥐락펴락까지는 아니더라도 대표를 긴장시킬 만한 실력을 갖춰야 그에 합당한 대우를 받을 수 있다. 그것이 역량이다. 직장은 역량으로 나를 알리는 곳이다. 친인척이 대거 포진되어 있거나 갖가지 모순이 있다 해도, 타의 추종을 불허하는 역량이 있다면 회사에서의 존재감은 달라지는 법이다.

역량을 기르기 위해선 공부가 필수다. 그렇지만 이것저것 공부하려는 마음은 버려야 한다. 업무와 관련된 부분을 뽑은, 밀도 있는 공부가 필요하다. 공인된 인증기관 공부는 물론, 현장 지식까지 완비하는 것을 추구한다. 밀도 있게 공부할 분야를 설정하고, 관련 저서를 20권 정도 읽어본다면 흐름을 파악할 수 있을 것이다. 자기 분야에서 20권 정도도 안 읽는다면 역량을 키울 의지가 있는지 스스로 자문해 봐야 한다.

밀도 있는 공부는 자기계발의 관점으로도 볼 수 있다. 직장 안에서 많은 부분을 차지하는 인간관계도 역량이 있다면 수월해질 수 있다. 성공의 85%는 인간관계에 의한다고 하는데, 이 또한 직무 역량이 큰 영향을 미친다.

직장 안의 인간관계는 작은 테두리에 함몰될 수 있다. 사실 30대 직장인에게 인간관계는 직장이 절대적이다. 따로 시간을 내기에는 빠듯하니, 다른 부서 사람들과 어울리는 시간을 만들자. 다른 부서 상황을 안다면 회사의 메커니즘을 파악할 수 있다.

만약 시간이 허락되어 모임을 갖는다고 하더라도, 인맥을 넓히겠다는 의지로 여기저기 눈도장 찍는 건 피하자. 자칫 가벼워 보일 수 있으며, 인맥 도움을 받을 때도 깊이에 따라 많은 변수가 생기기 때문이다. 가벼운 100명의 인맥보다 제대로 된 한 명의 인맥이 도움이 된다.

직장은 우리에게 많은 걸 제공해 주지만 미래까지 책임지지는 않는다. 우리는 자신의 운명을 스스로 조절할 때 행복하다. 회사에 따라 나의 운명이 왔다갔다 한다면 안타까운 일이다. 회사와 운명을 함께할 수는 있지만, 회사가 나의 운명을 좌지우지하게 내버려둘 수는 없다. 그 기초가 바로 역량이다. 월급이라는 안정에 취하는 실수를 범하지 마

라. 역량을 길러 운명의 열쇠를 스스로 조종하자.

- 미혼 : 절약과 저축으로 미래를 대비하라

2016년 초혼 평균 연령이 발표되었다. 남자는 32.6세, 여자는 30세다. 만(滿) 나이 기준이니 한두 살은 늘어날 것이다. 2005년에는 30세 미혼 여성을 다룬 드라마가 인기를 끌었다. 당시 30세면 노처녀 소리를 들었던 시절이다. 불과 12년이 지났지만, 지금은 아무도 30세를 노처녀라 말하지 않는다.

물론 싱글라이프가 일반화되면서 30대 미혼자는 흔히 볼 수 있게 되었다. 이 역시 저성장의 영향이라고 볼 수 있다. 이제 결혼은 필수가 아니라 선택이며, 사회 곳곳에서도 싱글을 인정하는 분위기다.

20대 남녀 모두 대학 졸업 연기, 어학 연수, 스펙 쌓기 등으로 취업 연령이 높아진 것도 한몫했다. 취업을 했다고 해도, 언제 학자금 대출을 모두 갚고 억대 아파트에 들어갈 수 있단 말인가. 하고 싶어도 할 수가 없는 것이 현실이다.

소비 트렌드도 싱글을 겨냥한다. 최근 '경험 소비(남들이 쉽게 하지 못하는 여행이나 특별한 체험에 돈을 쓰는 소비)'에 30대 싱글은 주 고객이 되었다. 전문성과 고액 연봉으로 무장한 싱글은, 저축보다는 불확실성을 이유로 당장의 소비를 추구한다. 노후 준비나 결혼 준비, 주택 마련 대신 즐기기 위해 소비하고, 이런 소비를 SNS에 자랑하기 바쁘다. SNS는 경험 소비를 더욱 부추기고 있다.

저성장시대라도 미혼은 소비하기 좋을 시기다. 사실 경제적으로 풍요롭게 소비할 수 있는 거의 마지막 기회이기도 하다. 그래서인지 소비를 즐긴다. 이러한 소비 습관은 한 번 쯤 다시 생각해 볼 필요가 있다. 미혼 기간과 즐길 수 있는 풍요가 얼마나 지속되겠는가. 30대 미혼은 소비 중심에서 저축 중심으로 변화해야 한다. 금리가 낮은 상황에서 시간 대비 저축으로는 큰돈을 벌지도, 모으지도 못한다.

월 500만 원을 10년 저축해야 서울 소재 아파트 구매가 가능하다는 뉴스가 나오고 있다. 일반 직장인 월급만으로는 사실상 불가능하다는 뜻이다. 돈을 벌어 상위계층으로 올라갈 수 있는 사다리는 줄어들고, 돈이 돈을 버는 구조가 고착화되고 있다. 이런 상황에서는 성실하게 일하기보다 대박을 꿈꾸는 사람이 증가한다. 로또 판매량은 연일 증가하고 있으며, 부동산 투기에 많은 돈이 몰리고 있다. 뉴스에선 대박을 터뜨린 창업자 뉴스도 쏟아져 나온다. 이

대열에 합류하면 나 역시 대박을 터뜨릴 것 같은 착각이 몰려온다.

대박은 여러 가지 조건이 동시에 맞아떨어져야 한다. 노력 측면보다 운 측면이 강하다. 운도 실력이라고 하지만, 운이 나에게 오기 위해선 오랜 시간 성실성을 쌓아야 한다. 성실성이 바로 저축이라고 볼 수 있다.

100만 원 모은 사람이 1천만 원을 모을 수 있고, 1천만 원 모은 사람이 1억을 모을 수 있다. 이것은 실천 경험을 해봤기 때문이다. 30대 미혼은 소비하기 좋은 시기다. 걸릴 것이 없는 화려한 나이다. 하지만 현재의 경제상황에 맞는 재무 설계를 통해 저축을 습관화할 필요가 있다. 복잡하고 어려운 재테크 기법에 에너지와 정신을 쏟기보다는, 현재 업무에 전문성을 쌓으라고 추천하고 싶다.

'큰 부자는 하늘이 내리고 작은 부자는 자신이 만든다'는 말이 있다. 큰 부자는 과감한 결단과 갖은 어려움을 뚫고 부를 이룬 사람들이다. 정말 하늘이 내린 사람일지도 모른다. 작은 부자는 스스로 만든다. 그 기초가 바로 저축이다. 저성장이라 하지만, 30대 미혼은 돈을 버는 동시에 소비를 줄일 수 있는 나이다. 저축을 습관화하여 미래를 대비하자. 저축한 돈이 일명 '총알'로 쌓이면, 결정적인 순간 큰 도움을 받을 수 있다. 그리고 몸값 역시 업에 대한 전문성에서 나올 것이다.

- 창업의 꿈

누구나 한 번은 창업을 꿈꾼다. 우리나라는 창업하기 싫어도 창업을 할 수밖에 없는 경제 구조로 가고 있다. 창업을 할 수밖에 없다면 '미혼 일 때', '아이가 어릴 때', '한 살이라도 어릴 때' 하자는 생각으로, 많은 30대가 창업 대열에 합류하고 있다. 여기에 창업과는 다른 개념의 1인 기업, 프리랜서에 도전하는 30대도 폭발적으로 증가하고 있다. 저성장시대의 고용 불안이 낳은 현실이기도 하다.

얼마 전 창업박람회를 방문한 적이 있다. 입구에서부터 음식 냄새가 코를 자극했다. 창업박람회 아이템 대부분이 요식업이었다. 프랜차이즈가 가맹점을 모집하기 위해 박람회에서 홍보하지만, 아이템에서 요식업이 많은 건 창업 아이템이 별로 없다는 뜻이기도 하다. 슬픈 현실이다. 정부도 경제에 활력을 넣기 위해 창업을 지원하고 있지만, 경제 자체 불황으로 무너지는 창업 기업이 대부분이다.

모두가 물길을 따라 내려올 때 거꾸로 올라가는 연어가 있다. 창업 통계는 적나라하게 바닥을 치지만, 누군가는 승승장구하며 사업을 이어 나간다. 많은 30대 창업자가 거꾸로 올라가는 연어를 보며 창업을 시작한다. 우리 사회는 이런 사람을 응원해야 한다. 무조건 망한다고 반대만 하면 누가 창업을 하겠는가. 마이크로소프트, 애플, 구글 등 모두가 열악한 공간에서 창업하지 않았는가. 가능성을 믿고 응원해야 한다.

저성장의 늪에서 30대에 창업을 하겠다면 먼저 세 가지를 챙겨야 한다.

첫째, 과거 경력과 연관이 있는 일을 찾아야 한다. 아무 경험 없는 곳에서 맨땅에 헤딩하겠다는 정신은 위험한 발상이다. 성공은 경험과 비례한다. 경험 많은 사람도 망하는 세상인데, 아무 경력과 경험이 없는 곳에서 성공한다는 건 어불성설이다. 경력이 짧든 길든, 과거에 했던 일과 연관된 창업을 하자.

둘째, 경영 마인드를 확립해야 한다. 창업에서 아이템으로 단기간에 대박 치는 경우는 극히 일부다. 좋은 아이템으로 오랫동안 꾸준하고 성실하게 고객을 확보해야 성공할 수 있다. 즉 '경영'하라는 뜻이다. 많은 창업자가 경영을 세무, 마케팅 정도로 생각하고 있다. 창업 전 경영에 필요한 지식과 마인드를 미리 습득할 필요가 있다.

셋째, 폐업 계획서를 미리 세우자. 앞뒤 가리지 않고 달려가는 정신도 중요하지만, 창업은 내 뜻대로 움직이지 않는 경우가 부지기수다. 뜻대로 움직이지 않을 때 빠져나올 계획이 있다면, 더욱 맹렬히 일에 뛰어들 수 있다. 창업을 시작하기 전 폐업 계획서부터 미리 작성하자.

정부에서도 창업에 관한 관심이 많다. 정부 지원도 고민해 볼만하다. 정보를 찾는 데는 K스타트업(www.k-startup.go.kr)을 추천한다. 교육과 정부 지원 정보가 많은 곳이다. 창업의 승부는 준비 과정이며, 힘들어도 꾸준히 추진하는 기업가 정신이 필요하다.

저성장이라도 누군가는 창업해서 기업을 세우고 고용을 창출한다. 얻은 이익을 세금으로 내고 사회에 기여한다. 세금은 일정 조건을 갖춘 창업 기업에 재투자를 하는 선순환의 구조이다. 기업이 살아야 나라가 산다. 그 기업을 만드는 건 기업가다. 30대 때 창업을 하겠다면 자영업 수준을 벗어나 큰 꿈을 그리는 게 어떨까. 세계적인 기업은 아니더라도, 고용을 창출하고 부가가치를 높이는 데 이바

지할 수 있다.

누구는 불황이 불황이지만, 누구는 불황이 기회가 될 수도 있다. 그 기회는 꾸준히 준비하는 사람에게만 따라온다. 30대야말로 그 기회를 잡고 사업을 할 나이다.

직장보다 직업

3 40대

- 내면의 힘을 키우며 성과를 보여주자

40대는 삶에 큰 변곡점이다. 1막의 성적표를 받아보고 2막에 대한 그림을 서서히 그려야 하는 시기다. 업무에서도 본격적으로 전문가 싸움이 일어나는 시기다. 그동안 쌓아온 실력으로 전문가끼리 경쟁하게 된다.

1막 성적표를 생각하면 아쉬움과 안타까움만 남는다. 이루어놓은 것이 많지 않아 허무하기도 하고, 머리에는 흰머리가 힐끗힐끗 보이고, 누구보다 자신 있었던 체력에도 한계가 온다. 지나간 시간을 후회하고 한탄하기에 책임질 일이 너무나 많다. 삶에서 40대만큼 책임이 큰 나이도 없을 것이다.

앞으로의 수명을 생각하면, 40대는 30년은 더 일해야 한다. 1막에서 앞만 보고 달려왔는데 성적이 초라하니 기운이 빠진다. 30년은 2막, 3막이 될 것이다. 1막에 기운 빠진 일들을 털어내야 새롭게 시작할 수 있다.

새로운 기운을 얻기 위해선 다시 20대 초반으로 돌아가 자신과 조우할 필요가 있다. 다 될 것 같았던 20대가 아닌, 안 될 일을 먼저 생각하는 능숙한 40대 정신 말이다. 자신과 조우하기 위해선 가장 먼저 브레이크를 걸어보자. 지금 하는 일, 가족, 인간관계를 천천히 살펴보는 것이다. 더 해야 할 일이 아닌, 하지 말아야 할 일을 찾으면서 자신과 조우할 시간이다.

자신과 조우할 때는 매개체가 필요하다. 추천하고 싶은 건 책이다. 지금까지 실용서 위주로 독서를 했다면, 이제부터는 사람을 다룬 책을 보며 자신을 투영해 보는 것이다. 책이 아니면 혼자만의 시간도 좋다. 여행이 아니어도 된다. 여행 가서 아무것도 느끼지 못한 것보다 가까운 산이 삶에 더 도움이 된다.

자신과 조우하면서 삶의 방향이나 철학 같은 깊이 있는 물음은 물론 금전적인 물음도 던져본다. 지금 수입이 30대와 크게 다르지 않다면, 과거의 일만 반복하며 살았기 때문이다. 30대 때 미래를 보고 살았다면 수익 면에서 나아졌을 것이다. 비슷하다면 똑같은 방법으로 일했고, 똑같은 수익을 얻은 것이다.

40대는 이 '똑같음'을 벗어날 막바지 기회라고 할 수 있다. 50~60대에도 벗어날 수는 있겠지만, 오랫동안 고착되어온 습관을 바꾸는 데는 체력적, 정신적 한계가 있다. 자신과 조우하며 30대 수입과 40대 수입을 비교해 보고, 똑같다면 개선점을 찾아야 한다.

저성장시대는 입증이 안 된 사람에게 돈을 쓰지 않는다. 냉정한 것 같지만 현실적인 부분이다. 신인에게 투자할 시간과 비용이 없기 때문이다. 즉 전문가가 아니면 기회조차 오지 않을 수 있다. 40대까지 "OOOO면 OOO이다" 같은 전문성이 있어야 한다. 찾지 못했다면 더 늦기 전에 찾자. 30대는 자기 분야를 찾을 때까지 방황을 용인한다. 하지만 40대는 시간이 촉박하다.

전문가의 핵심은 '문제 해결 능력'이다. 고객이 인식하고 있는 문제는 물론, 미처 고객이 깨닫지 못하는 문제점을 찾아 해결해 주는 것이 전문가다. 40대는 문제 해결 능력이 있어야 한다. 저성장시대는 문제 해결 능력을 가진 사람이 대접받는다.

문제 해결 능력을 기르기 위해선 '패턴 인식'이라는 본질적 접근이 필요하다. 자기 분야에서 10년 이상 일했다면 발생하는 표면만 다를 뿐 본질적으로는 같다는 걸 알 것이다. 본질적 문제 해결을 위해 '문제 해결 프로세스'를 가지고 있어야 한다. 40대 때 문제 해결 프로세스를 정립했다면 전문가를 넘어 고수나 베테랑 반열에 오를 수 있다.

40대가 되어도 힘이 든다면 잠시 가는 길을 멈추어보자. 20대에는 꿈을 이루기 위해 힘들 수도 있지만, 40대 때 힘들면 잘 가고 있는 게 아니다. 삶에 대한 재정립이 필요하다. 어쩌면 내 인생의 방향을 다시 정해야 할지도 모른다.

자신과 조우하는 충분한 시간을 갖자. 자신과 조우하면서 내면근육을 키우자. 내면근육은 저성장시대에 부자보다 버틸 힘을 주는 근육이다. 자신과 조우하면 전문가 반열에 올라갈 힘이 생긴다. 전문가로서 자신의 문제 해결 능력이 얼마나 탁월한지 생각해 보자.

- 관계의 힘

지역에 형성된 모임에서 눈도장 찍기 바쁜 사람이 있다. 영업을 한다면 이해라도 하지만, 영업 업무도 아니다. 이 사람 저 사람 만나는 재미로 참석하는 것 같다. 저렇게 눈도장 찍어 무엇을 하려는지 잘 모르겠다. 가끔은 꼴불견이라는 생각도 든다.

우리는 일생(一生)을 살고 있다. 딱 한 번뿐이다. 슬프기보다 비장한 마음으로 살아야 한다. 두 번 살 수 있으면 좋겠지만 일회용이고 유한하다. 일생에서 아끼고 또 아껴야 하는 건 시간이다. 시간을 어떻게 가공하느냐에 따라 일생은 큰 차이로 벌어진다. 40대가 되어도 여기저기 눈도장 찍기 바쁘다면, 자기 내면을 성찰할 시간을 주지 않았다는 뜻이다. 사람을 만나면 반성하고 배울 수 있다지만, 이 역시 성찰할 시간이 있을 때나 가능한 얘기다.

30대는 내가 세상의 주인공인 줄 알았다. 체력과 머리가 따라줬기 때문이다. 40대는 자신이 주인이 아니라는 걸 느낀다. 겸손을 배워야 할 시기다. 또한 조직, 가족 등 여러 구성원에서 40대는 허리 역할을 한다. 선배를 챙기면서 후배를 다독여야 하는 입장이다. 즉 사람 관리에 들어가야 한다.

사람 관리를 위해서는 인간관계 정리는 필수적이다. 인간관계 유지를 위해 소비한 돈과 시간을 자신에게 투자할 시기이기도 하다. 그렇다고 인간관계를 하지 말라는 뜻은 아니다. 조금 더 진정성 위주로 전환할 필요가 있다.

인간관계의 진정성은 쉽게 얻어지지 않는다. 역사를 보아도 사람을 잘못 써서 나라가 망하고, 평소에 잘 나가던 사람도 인간관계 때문에 한순간에 무너진다. 그만큼 인간관계는 배우기 힘들다는 말이다. 또한 40대는 2막, 3막을 같이할 후배를 물망에 올려야 할 시기다. 지금 40대 직장인이

라면, 퇴사하고 창업을 했을 때 따라올 후배가 있는지를 자
문해 보자.

사업을 한다면 사업이 위기에 빠졌을 때조차 끝까지
있어줄 사람이 있는지 생각할 필요가 있다. 없다면 물망에
올려야 한다. 각박해진 세상이지만 사람 간의 아름다움은
변하지 않는 가치가 있다. 내 주변에 진정성 있는 사람이 얼
마나 있는지 살펴보기 바란다. 저성장은 물론, 삶에 수없이
오는 위기 때마다 도움을 주고받을 수 있다.

연공 서열이 무너진 지 20년이 넘었다. 실력이 있다면
대접을 받는 세상이다. 지금 있는 후배가 어느 날 상사로 올
지도 모른다. 늦지 않았다. 겸손을 갖추고 후배를 챙기자.

30대에 전문성을 공부했다면 40대는 '사람' 공부가 필
요하다. 직접 만나 공부하는 게 가장 빠르지만 시간과 비용
에 한계가 있다. '사람' 공부는 문학, 역사, 철학을 통해서도
할 수 있다. 즉 인문학 공부를 통해 '사람'에 대해 깊이 있게
성찰해 보자.

저성장이 지속되면서 돈 버는 방법보다 조금 더 풍요
롭게 사는 인문학 열풍이 불고 있다. 인문학 관련 모임도 좋
지만 책도 추천한다. 인문학은 배움도 있지만 책을 보면서

하는 사색이 중요한 법이다. 사색을 통해 자기 것으로 만들어야 한다. 문사철 공부를 20~30대 시작하면 좋지만, 문자 이외에 보이지 않는 것들은 있다. 40대가 되어서야 볼 수 있다. 40대야말로 '사람' 공부하기 최적의 시기다.

40대에 자신은 돈과 인연이 없는 것 같다며 일찌감치 '사람' 공부를 하겠다고 인문 고전 공부를 시작한 지인이 있다. 나는 '한 번쯤 날아볼 만한 나이인데' 싶어 아쉬웠지만, 지인은 인문 고전이 자신과 잘 맞는지 직장을 다니면서도 포기하지 않고 꾸준히 공부했다.

15년이 지나 60대로 접어든 그는, 현재 인문 교양 강사로 활약 중이다. 베스트셀러는 아니더라도 세 권의 책도 출간했다. 나이에서 주는 무게감과 15년 동안 공부한 내공이 있으니 강의시장에서도 반응이 좋다. 따르는 제자도 많아 밥을 사주겠다는 사람이 넘쳐난다. 딱 거기까지만이다. 지인은 같이 교육 사업을 해보자는 제안이 와도 거절한다. '사람' 공부를 하며 터득한, '시기' 보는 법을 알기 때문이다.

사람 공부는 큰 눈을 보게 해준다. 큰 그림을 그리는 유장한 마음을 준다는 것이다. 40대라면 사람 공부를 통해 진정성 있는 사람을 발견하고 함께하도록 하자. 그저 넓은 인간관계가 아니라 깊이 있는, 울림 있는 인간관계를 완성하자.

- 혼자서 즐기는 여유

가을철 산에 가면 단풍구경으로 많은 등산객이 모인다. 모두가 알록달록 아웃도어를 입고 있다. 시외만 나가도 아웃도어를 입고, 해외에 나갈 때도 입는다. '해외에서 아웃도어 입은 사람은 전부 한국인'이라는 우스갯소리가 나올 정도다. '전 국민 아웃도어화'란 말이 실감난다. 자기 개성보다 타인의 눈치를 많이 보는 우리나라 사람의 특징을 보는 것 같다.

'혼밥'과 '혼술'이라는 말이 대표하듯이 요즘 젊은층들은 혼자 노는 법을 익혀 나가고 있다. 이에 비해 40대는 지금의 20대처럼 혼자 노는 법을 제대로 배우지 못했다. 혼자 노는 것에 너무 어색하다. 타인의 눈치를 보며 스스로도 어색해 한다.

"대한민국은 놀지 못해 어려워지고 있다."

이름도 특이한 '여러가지문제연구소'의 김정운 소장이 한 말이다. 과거에는 몰랐지만 지금은 전적으로 공감 가는 말이다. 한국은 OECD 국가 중 멕시코와 노동시간 1~2위를 다투고 있으며, 노동시간 대비 생산성은 바닥을 친다. 집중력 없이 일만 한다는 뜻이다. 창의력도 그렇다. 창의력은 일만 해서 나오지 않는다. '딴짓'을 해야 나온다. 즉, 놀아야 한다. 지금 20~30대는 자기 나름대로 노는 법을 알고 있다. 그러나 40대는 군사정권의 잔재가 남아 있고, 가부장적인 문화를 겪은 세대라 상당 부분 경직되어 있다.

저성장시대에 "놀아라!"라고 말하는 건 앞뒤가 안 맞을 수도 있다. 1막은 공부하고 노력해야 성공하지만, 2막은 놀아야 성공한다. 틈틈이 자기만의 놀거리를 찾은 사람은 2막을, 놀거리로 직업화시킨다. 제조업이 붕괴되고 새로운 자영업 사회 등장이 예고되었다. 깊이 있는 취미가 있다면, 자영업 세계에서 또 다른 기회를 만날 수 있다.

20~30대의 놀거리에는 쾌락이 많은 부분을 차지했다. 쾌락을 추구해도 체력이 따라주었기 때문이다. 40대는 쾌락보다 성숙에 중점을 두어야 한다. 즐거움이 주는 성숙이다. 당당히 놀 것을 찾자. 논다는 것이 꼭 웃고 떠드는 일만을 가리키지는 않는다. 차분히 글을 쓸 수도 있고, 자전거를 리폼할 수도 있으며, 게임을 개발할 수도 있다.

혼자 놀거리가 있는 사람은 결코 외롭지 않다. 오히려 사람들 속에서 허우적대는 사람을 보면 안타깝다. 혼자 노는 법을 40대 안에 완성하자. 저성장시대 버틸 수 있는 힘이 되어줄 것이다.

많은 50~60대가 40대 때 체력 관리에 소홀했던 것을 후회한다. 시간이 부족해 운동을 하지 못한다면, 적어도 건강검진이라도 주기적으로 받자. 미우나 고우나 나의 몸이다. 이젠 책임을 져야 한다. 많이 먹기보다 맛있고 좋은 것을 먹고, 내 몸에 술보다 운동을 선물하자. 40대는 장기전을 대비해야 할 시기다. 이 시기에 관리하지 않으면 회복하기 힘든 상황이 올 것이다. 2막에 한바탕 잘 놀려면 무엇보다 몸이 건강해야 한다.

4 50대

- 비움의 지혜를 배우자

"50대 남자가 무섭기도 하고 존경스럽기도 합니다."

어느 30대 사업가가 했던 말이다. 50대가 무서운 이유는, 한 번은 날아야겠다는 생각에 몸을 사리지 않고 일하기 때문이다. 또한 존경스러운 부분은, 꿈을 위해 투자한다는 점이다. 현 경제 구조상 50대 때 사업을 시작한다면 마지막 기회일지 모른다. 사업에 실패하면 회복이 쉽지 않기 때문이다. 우리나라 구조상 50대에 사업을 시작하여 실패하면 혹독한 대가가 기다리고 있다. 그래서 누구보다 맹렬하고, 누구보다 거칠며, 누구보다 꿈꾼다.

50대는 민주화를 요구하는 동시에 고도의 경제 성장을 겪었고, 중추 역할을 할 때쯤 IMF를 겪었다. 조직이 미래를 보장해 주는 시대에서 각자 도생 시대로 전환한 시기다. 부모세대를 모셔야 하는 마지막 세대이며, 자녀에게 의지할 수 없는 첫 번째 세대이기도 하다. 자녀 교육에 있어서도 기러기 아빠를 탄생시켰으며, 가장의 권위가 줄어든 세대이다. 부부평등을 말해도 이상할 것이 없고, 여자의 사회 진출을 당연히 여기던 세대다. '무서운 아빠, 인자한 엄마'라는 기존 관념을 깨고, 경제권을 가지고 있는 사람이 부부의 중심이 된 세대이다.

1997년 IMF는 기존 경제 체제를 완전히 바뀌어 놓았다. 그 한가운데 지금의 50대가 존재했다. 시간이 흘러 2008년 서브프라임모지기사태로 상황은 더욱 어려워졌다. 조직을 떠나야 했던 50대는 자영업에 몰렸고, 한 언론 발표에 의하면, 자영업으로 월 200만 원도 못 버는 경우가 부지기수라고 한다. 일찌감치 생각을 달리한 일부 50대는, 부동산 경기를 잘 활용하여 짧은 시간에 부자가 되기도 했다. 하지만 이 대열에 합류하지 못한 50대는 상대적인 박탈감을 느끼고 있다.

50대 사업가, 직장인, 자영업자들 모두 어려운 환경에 놓인 것은 사실이다. 저성장이 지속된다면 50대가 가장 큰 타격을 입을 것으로 예상된다. 이런 환경에서 50대가 최우선으로 삼아야 하는 것은 자존감 회복이다. 자존감이 회복되어야 100세를 준비해 나갈 수 있다. 이대로 주저앉으면 100세 때까지 주저앉아 있어야만 한다.

50대에게 '한 번 날아야 하니 사업에 도전하라'는 메시지는 신중히 전하고 싶다. 언론에서 50대에 사업을 시작하여 성공했다고 자랑하는 사람은 극히 일부다. 그리고 성공한 사람은 언론에 보도된 내용 이외에 많은 요소가 맞아떨어졌기에 지금의 위치에 있는 것이다. 날아야 한다는 생각보다 자신을 조금 더 사랑하고 주변 환경을 받아들이는 자세가 필요하다. 그 후에 날아야 할지, 깊이를 추구할지 결정하면 된다.

자존감 회복은 자신의 역할을 제대로 하는 것에서 출발한다. 회사 안에 있다면, 회사를 감사히 여기고 수성(守成)하겠다는 생각을 접고, 실력으로 승부하겠다는 마음을 가져야 한다. 실력이 역할을 만들어낸다. 자기 사업을 하고 있다면, 가족을 위해 일한다는 생각도 가치 있지만, 한 번쯤 자신을 위해 일한다는 생각으로 바꿔보자. 특히 일, 사업에 대한 철학과 신념을 재설정하면 좋다. 단순히 돈을 벌기 위해 일을 한다면 저성장시대에 맞지 않다. 자기 소명을 실천하고 있다는 생각의 전환이 필요하다.

저성장과 100세 시대는 '더 많이', '더 크게'를 추구하기보다 적게 벌고 적게 쓰는 라이프로의 모색이 필요하다. 최근 많은 사람이 미니멀 삶으로 전환하고 있다. 필요한 최소한의 것만 취하고, 나머지는 절제하는 것이다. 현대인은 못 먹어서 병이 나지 않는다. 오히려 잘 먹어서 병이 난다. 먹는 걸 절제해야 한다. 돈도 분수에 넘치게 벌려고 하니 탈이 난다. 돈을 많이 버는 것과 잘 쓰는 것은 다른 차원의 문제다. 미니멀 삶은 잘 쓰는 문제가 중요하다.

미니멀 삶의 시작은 버리기다. 미련이 없어야 한다. 어차피 사용하지도 못하는 것들은 과감히 버리자. 비우는 것은 채우는 것의 시작이다. 이 채움에 물건이 아닌 자의식, 영혼 등이 들어오면 더 좋다.

저성장시대, 50대는 욕심보다 비움을 추구하자. 앞으로 살아갈 날이 많이 남았다지만, 확실하지 않은 도전을 하기에는 세상이 너무 빨리 변한다. 적게 벌고, 적게 쓰는 법을 익힐 때다.

- 이웃을 돌아보는 따뜻한 눈길

갱년기, 누구나 한 번은 겪는 몸의 변화다. 남녀 할 것 없이, 우울증까지는 아니더라도 기분이 다운되는 경우가 많다. 어려운 경제상황과 하루에도 몇 개씩 쏟아지는 부정적인 소식들로 상실감도 많이 든다.

50대는 자녀를 떠나보내는 허탈함, 체력의 한계, 치열한 경쟁 구조 등 다른 세대보다 우울증의 근본 원인에 많이 노출되어 있다. 그래서 극단적인 선택을 하는 경우도 보게 된다. 평소 마음 관리를 했다면 달라졌을 것이다.

50대뿐만 아니라 전 세대가 마음 관리에 어려움을 겪는다. 가장 큰 원인은 경제적인 이유다. 이것은 저성장이 낳은 부정적인 산물이다. '힐링'이란 키워드가 뜨고 있는 것 역시 마음 관리를 못하고 있다는 반증이다. 미래를 보기보다 하루하루 살아가기 바쁜, 안타까운 우리네 모습이 아닐 수 없다.

마음 관리 핵심은 넓게 보려는 마음이다. 마음 그릇의 크기를 키우는 일이다. 마음 그릇이 크다면 어떤 시련도 받아들이고 묵묵히 감내할 수 있다. 또한 그릇이 크면 보는 시야도 넓어 삶을 유장한 마음으로 대할 수 있다. 갱년기를 허탈함이 아니라 당연함으로 받아들일 수 있다.

50대는 마음 그릇을 가슴으로 키워야 하는 시기다. 20대, 30대, 40대를 겪으며 많은 경험을 했다. 이러한 경험은 삶의 지혜로 쌓인다. 이젠 가슴의 그릇을 키워야 한다. 그럼으로써 우울증은 물론 여러 부정적인 소식으로부터 나를 보호하고, 조금 더 성숙된 삶을 시작할 수 있다.

마음 그릇을 키우기 위해서는, 이분법적 사고를 접어

야 한다. 이 세상에 100% 정답은 없다. 이분법적 사고는 극단으로 움직이는 무서운 생각법이다. 이것도 옳고 저것도 옳으니, 상황에 따라 최적화된 선택을 하면 된다는 생각을 갖출 필요가 있다. 이 이분법적 사고를 버리기 위해서는 사랑이 있어야 한다. 나는 물론 다른 사람도 사랑하는 마음 말이다.

50대는 반환점을 돈 시기다. 사랑이라는 근원적인 마음을 다시 한 번 생각하기에 좋은 때다. 나름대로 사랑의 정의를 내려 보면 어떨까. 50대 때 내리는 사랑의 정의는 전반전에 내린 정의와 다를 것이다.

주변을 둘러보라. 저성장으로 인해 팍팍하게 사는 모습들이 보일 것이다. 꽃을 볼 여유가 없으니 극단으로 가게 된다. 이런 상황에서 사랑에 대한 방향을 조금 더 크게 잡으면 어떨까. 인류애까지는 아니더라도, 주변 이웃을 사랑하며 조금 더 좋은 세상을 만들겠다는 사랑 말이다.

경제가 어려워지면 마음까지 가난해질 수 있다. 50대는 특히 이런 노출이 심해진다. 사랑이라는 근원적인 질문과 답을 찾으면, 조금 더 풍요로운 50대를 보낼 수 있다. 이타적인 인간이 이기적인 인간보다 더 오래, 길게 갈 수 있다.

- 자녀들과의 소통에 힘써라

몇 년 전 부모 마음을 알 수 있는 신문기사를 보았다. 시장에서 허름한 옷을 입은 할머니가 노숙하고 있자 경찰이 파출소로 모셔 갔다. 경찰은 언론의 도움이라도 받을까 해서 기자를 불렀고, 기자는 할머니께 이름, 사는 곳을 물었지만 답이 없었다. 경찰과 기자는 눈치 채고 할머니를 보호시설로 모셔 갔다. 할머니는 자식한테 버려졌지만, 자식을 지키고 싶은 마음에 입을 열지 않는 것이다.

내가 힘들더라도 자녀를 힘들게 할 수 없는 게 부모의 마음이며, 자녀가 배우고 싶다는 데 지원해 주지 못하면 죄인이 되는 게 부모다. 자녀가 사업을 하겠다는데 지원을 해 주지 못해도 죄인이 된다. 다 퍼줘도 자녀 앞에선 미안할 뿐이다.

자녀에게 가장 많은 돈을 쓰는 나이가 50대다. 대학 등록금은 물론 취업 전까지 지원해야 하며, 상상 못할 결혼 준비 자금도 부모가 지원해야 하는 추세다. 순수하게 자녀가 벌어서 결혼을 한다는 게 쉽지 않은 세상이다. 그 돈이 50대 이후의 노후 준비 자금이다. 자신의 노후를 포기하고 자녀에게 다 투자했지만, 자녀는 노후를 보장해 주지 않는다.

베이비부머세대 은퇴 사태가 일어나기 전까지는 자녀에게 노후 자금을 쓰는 경우가 많았다. 하지만 베이비부머세대의 본격적인 은퇴가 일어나고 저성장을 겪는 지금은, 자녀에 대한 지원을 신중히 생각하는 모습이다. 자녀는 부모의 지원이 없거나 줄어든 게 서글프지만, 부모의 노후를 생각하면 무조건 도와달라고 할 수도 없다. 부모자식 관계에서도 각자 도생이 시작되었다고 할 수 있다. 저성장이 낳은 우리들의 모습이다.

50대는 자녀를 떠나보내야 할 시기다. 사랑으로 아끼고 키웠지만 독립이 필요할 시기다. 주변의 많은 부모가 자녀에게 미련이 남는 걸 본다. 특히 어린 시절 계획적으로 키운 부모는 더 그러하다. 고유의 인격체로 인정하면 자녀를 놓아줄 수 있다. 자녀는 나의 대리만족 대상이 아니다. 내 몸을 빌려 태어난 하나의 인격체다.

놓아주고 고유 인격체로 인정할 때, 경제적인 부분을 명확히 할 필요가 있다. 냉정하다고 생각할 수 있겠지만, 내 노후가 무너진다면 자녀 역시 마음이 편하지 않다. 자녀와 대화를 통해 어느 부분까지 지원해 줄지 확실하게 할 필요가 있다.

가장 먼저 자녀와 대화를 계속 시도해야 한다. 자녀가 10대 후반에서 20대가 넘어가면 경제적인 개념이 생겨난다. 마냥 떼를 쓸 수 없는 나이란 뜻이다. 집의 재정 상태에 대해 이야기를 해도 충분히 이해할 수 있을 것이다. 대화를 시도하며, 집안의 경제적인 부분을 설명하고 협조를 구하자. 부모의 노후 준비도 이야기하면 좋다. 그리고 자녀의 계획을 들어보면서 서로에 대한 접점을 찾으면 된다.

아이들이 돈으로 크는 세상이지만, 자녀 교육 강의를 나가면 돈보다도 소통을 강조한다. 사업을 하지 않는 이상 돈을 버는 것은 일정 수준까지만이다. 자녀와 소통이 되면, 부모의 재정 상황을 이해하며 거기에 맞는 행동을 한다. 부부 둘만 재정 상태를 알기보다 소통을 통해 자녀와 재정 상황을 공유하자. 노후를 위해서라도 자녀와의 소통은 필요하다.

5 60대

- 지혜롭게 나누어라

20년 전만 해도 60대는 노인이었다. 지금은 65세를 행정상 노인으로 보고 있지만, 평균 수명 증가로 70세를 노인으로 보자는 논의가 일어나고 있다. 환갑이 지나면 뒷방에 앉아 고스톱이나 치던 시절은 정말 옛날이야기가 되었다. 현직은 물론, 새롭게 시작하는 나이인 것이다. '인생은 60부터'란 말도 있지 않은가.

"보람과 즐거움을 준다고 절대로 공짜 강의를 나가시면 안 됩니다. 담당자는 당연한 듯 부를 것이고, 여러분의 후배들은 공짜 강의를 할 수밖에 없습니다."

강사 레벨 업 강의에서 60대 K강사가 했던 말이다. K강사는 중견기업에서 임원까지 했다. 50대 중반에 허무함을 느껴 재미있게 살자고 다짐했는데, 그가 찾고 싶었던 재미는 교육이었다. 대학시절 취득한 교원자격증을 꺼내 들고 시간강사라도 하고 싶어 학교를 찾아갔지만, 돌아오는 답은 "나이 때문에 어렵다"는 것이었다. 차분히 자신을 돌아보니, 아이를 가르쳐 본 일도 없었고 마땅히 내세울 만한 경력도 없었다.

K는 무엇을 할까 고민했다. 노인 증가로 실버 레크리에이션이 뜰 거라는 생각에 실버 레크리에이션에 도전을 했다. 단순한 취미나 미래의 불안이 아니라 직업적으로 도전을 한 것이다. 취미나 미래 대비용으로 공부하는 사람과 직업적으로 도전하는 사람은 자세부터 다르다. K는 열정적으로 배웠다고 한다. 그리고 강의를 시작했다. K강사는 강사료를 따지지 않고 불러주는 곳이면 어디든지 달려갔다. 강사생활 시작 3년차가 넘어가자 또 다른 허무함이 밀려왔다. 강의 대비만큼 금전적으로 대우받지 못하고 있었다.

"어르신들인데 싸게 해주세요."

"재능기부 좀 부탁드립니다."

지역에선 자신을 재능기부 강사로 알고 있었다. K강사는 60세가 넘어가면서 무언가 문제가 있다고 느꼈다. 나이가 있다고 재능기부를 요구하는 건 부당하다. 스스로도 합당한 금액을 받아야 더욱 신명나고 정열적으로 일할 수 있지 않겠는가.

지자체의 실버 공공근로는 70대가 많이 한다. 60대는 아직 현직에 있거나 공공근로 이외에 다른 일들을 할 수 있는 나이다. 재능기부를 통해 가치 만족을 찾을 수도 있지만, 평생 동안 가치 만족만 할 수는 없다. 금전적인 보상이 있어야 한다.

보람, 가치 만족, 기부 등의 이름으로 자신을 너무 싸게 판매하고 있는 건 아닌지 고민해야 할 시기가 60대다. 저성장 늪에서 재능기부를 당연시하는 곳이 점점 늘어나고 있다. 자신의 몸값은 스스로 받아야 한다.

'열정페이'는 20대 청년들만의 문제가 아니다 60대에도 일어나고 있다. 60대의 2막은 그동안 쌓아온 취미로 시작하는 경우가 많다. 취미와 업무는 완전히 다른 차원이다. 취미는 말 그대로 취미지만, 업무는 돈을 벌어야 한다는 전제가 있다. 돈을 벌지 못하면 취미일 뿐이다.

60대에 시작하는 2막은 초보 개념으로 시작해야 한다. 과거에 무슨 일을 했고, 누구를 알고 있는지는 중요하지 않다. 고객이 돈을 지불하는 건, 현재의 실력이며 현재의 나라는 점을 새겨두자.

그렇다면 제대로 된 가치를 인정받기 위해선 어떻게 해야 할까?

금전적인 부분은 미리 정해라. 2막, 3막의 직업을 시작하기 전 금전적인 부분에 대해 미리 정하면, 상대가 먼저 제시한 금전적인 부분에 흔들리지 않는다. 또한 견적이나 계획서 제출 등 많은 부분에서 유리하다. 제조업으로 2막을 시작한다면 금전적인 부분이 명확해진다. 하지만 지식 서비스로 2막을 시작하면 금전적인 부분이 애매해질 수 있으니, 미리 책정하여 흔들리지 않도록 할 필요가 있다.

'쉬지 못하는 60대' 기사를 볼 때마다 안타까운 생각이 들 때가 있다. 30년 넘게 일하며 앞만 보고 달려왔는데 또 일을 한다는 사실이 말이다. 하지만 반대로 생각하면, 그동안 못했던 일을 할 수 있는 절호의 기회다. 60대는 많이 버는 것보다 가치 있는 일을 할 수 있는 시기이기도 하다. 가치 있는 일을 하면서 자신의 가치를 정확히 받도록 하자. 봉사는 봉사고, 경제적인 활동이라면 돈을 벌어야 한다.

60대 인구가 늘어나면서 재능기부 요구는 더욱 늘어날 것이다. 2막, 3막을 시작할 때 금전적인 부분을 미리 정하고 그 안에서 움직이도록 하자. 자신의 몸값은 스스로 설정하고 만드는 법이다.

– 젊게 사는 비결 : 유연한 사고

"컴퓨터도 못해서 말로만 떠들고, 저희가 문서나 PPT 작성은 다 합니다. 부수입이 생기면 혼자 먹고요. 모르는 척할 뿐이지 다 알고 있습니다. 사장 앞에선 아부하기 바쁘고 꼴불견입니다. 앞뒤가 꽉 막혀서 무슨 이야기를 해도 먹히지 않네요. 퇴직해서 사업한다는데, 절대 안 도와줄 것입니다."

인터넷 커뮤니티에 어느 직장인이 올린 글이다. 상사에게 불만 없는 직장인은 없지만, 정말 하는 것도 없고 자리만 차지하고 있는 상사를 미워하는 글들로 가득하다. 특히 꽉 막혀 답답하다는 이야기가 많다.

30~40대 직장인들과 이야기를 해보면, 상사의 꽉 막힌 사고 때문에 답답한 모습을 많이 본다. 세상은 하루가 다르게 변하는데, 고정관념에 사로잡힌 사람들 때문에 일을 추진하지 못하는 것이다.

저성장시대에는 혁신을 하지 않으면 망한다. 시대를 읽고 움직이는 30~40대들이 하는 충고를 듣고 적용해야 살 수 있다. 그럼에도 불구하고 고정관념에 사로잡혀 활력을 잃은 조직이나 개인을 많이 본다. 60대들에게 주로 볼 수 있는 현상이다.

60대가 되면 자기만의 생각과 철학이 있다. 경험에서 우러나오는 지혜다. 이 지혜는 존중받아야 하며, 우리 사회의 소중한 자산이다. 하지만 이 자산이 고집이나 아집으로 변하면 세대갈등만 일으키고, 젊은 세대가 앞으로 나아가는 데 방해만 된다. '인생은 60부터'를 제대로 시작하려면 아집과 고집을 버려야 한다. 아집과 고집은 고정관념에서 비롯된다. 고정관념을 버리는 좋은 방법은 평생 배우는 것이다.

"지금도 공부하러 다니세요?"

오래전 졸업한 제자가 통화를 하며 물어온 말이다. 나는 지금 민간 교육기관에서 직업 트렌트 교육 과정을 배우고 있다. 제자는 과거에도 주말이면 무엇을 배우러 간다고 바쁘게 움직이는 나를 기억하고 있는 것이다. 고마운 제자다. 틈만 나면 무언가 배우려고 하니 귀찮을 때가 있다. 돈도 많이 나간다. 하지만 배우지 않으면 고정관념에 사로잡혀 커리어 컨설턴트를 할 수 없다. 나만의 '생각 관리'라고 볼 수 있다.

후배가 옳은 말을 해도 듣지 않고 '왕년에'를 외친다면 가까운 교육기관을 가서 평생학습을 해보자. 20대 선생님 앞에서 세상이 어떻게 돌아가는지 배운다면 나의 고정관념을 깨는 데 도움이 될 것이다. 젊은 사람들과 소통은 중요하다. 소통하기 위해 피해야 할 세 가지 주제가 있다.

첫째, 정치

둘째, 종교

셋째, 훈계

젊은 사람들에게 발언할 기회를 더 주자. 듣는 게 배우는 거다. 듣다 보면 아집과 고집이 깨진다. '어른은 무조건 공경해야 한다'는 말을 우리는 어린 시절에 귀에 못이 박히도록 들었다. 이 말은 농사가 삶의 중심일 때는 통했다. 지혜와 지식을 존경했기 때문이다. 하지만 지금은 아니다. 어른들의 지혜와 지식이 자칫 고정관념이 되어 방해를 일으킬 때가 많다. 아집과 고집이 있는 어른은 절대로 공경받을 수 없는 시대다.

변화가 힘든 건 사실이다. 과거 것이 편하고 좋다. 반대로 변화를 즐기는 사람이 있다. '얼리어답터'라 불린다. 전자기기는 물론 생각까지 최신의 것을 수용한다. 60대는 얼리어답터가 대접을 받는다. 변화는 거부할 수 없다. 즐겨야 한다. 얼리어답터로 변화한다면 60세부터 정말 내 인생을 시작할 수 있다.

– 마음 비우기

대한민국 국민 평균 수명을 생각하면 60대에게 '죽음'이란 키워드가 어울리지 않는다. 지금부터 새롭게 시작할 수 있는 나이이기 때문이다. 조금만 천천히 생각해 보자. 60대에는 죽음을 준비하기보다 '죽음이란 무엇인가'를 생각해야 한다. 죽음을 미리 생각하면, 남은 시간을 소중히 여기고 보다 넓은 마음으로 세상을 살아갈 수 있다.

일본은 저성장으로 '잃어버린 20년'을 겪었다. 우리나라도 비슷한 양상이다. 이 기간 동안 일본의 가족 구조는 빠르게 바뀌었다. 그중 하나가 고독사다. 고독사한 노인을 처리하는 전문 업체까지 등장했다. 과거처럼 가족이 보는 앞에서 죽는 일도 큰 축복이 될지 모른다. 이는 저성장시대를 살아가는 우리의 예견된 모습일지 모른다. 이러한 이유로 '웰다잉(Well-dying)'을 준비하는 사람들이 점점 늘고 있다.

웰다잉은 죽음을 스스로 준비하자는 뜻으로, 당하는 죽음이 아니라 맞이하는 죽음을 말한다. 맞이하는 죽음에는 버킷리스트 작성, 법적 효력이 있는 유언장 쓰기 등 구체적인 방법이 있다.

저성장시대를 살아가는 방법 중 60대에게 죽음을 사유하게 하는 것은, 행복에 관한 재해석을 말하고 싶어서다.

공자는 60대를 '이순(耳順)'이라고 표현했다. 귀에 걸리는 것이 없다는 뜻이다. 30대는 이립(而立), 40대는 불혹(不惑), 50대는 지천명(知天命)이라고 했는데, 어찌 보면 나이에 이뤄야 할 것이 아니라 그 나이에 이루기 어려운 걸 말하는 게 아닌가 싶다. 쾌락적으로 놀기 좋은 30대에 뜻을 세우기는 어렵고, 빠른 성공의 유혹을 이기기 힘든 게 40대며, 하늘의 뜻이 뭔지도 모르는 게 50대다. 60대 역시 귀에 거슬리는 수많은 말을 극복하는 게 쉽지 않다.

60대가 되면 자리 욕심이 생긴다. 타인에게 인정받고 싶은 욕망도 늘어난다. 어린 후배가 입바른 소리를 하면 귀에 거슬린다. 한번 혼내주고 싶은 마음이 든다. 이 유혹을 60대에 이겨내야 행복이 온다.

죽음에 대해 생각해 보자. 누구나 겪는 일이지만, 끝을 알 수 없으니 두려움이 앞선다. 하지만 피하고 싶어도 피할 수 없다. 방법은 좋은 죽음을 준비하는 것뿐이다. 죽음 앞에선 모두가 평등하다. 어떤 자리에 있든 죽음을 피할 수는 없다. 아무리 매일 화려한 평가를 받는 자라 하더라도 죽음 앞에서는 겸손해야 한다. 사람을 대하는 태도도 마찬가지다.

60대에는 행복을 재해석하여 죽음과 연관시켜 보자.

다시 말해서 겸손을 다시 한 번 정립해야 할 때라는 말이다. 겸손하면 자연이 주는 무한함에 감사를 느끼고, 살아 있는 모든 것에 감사를 느낄 수 있다. 또한 소명 역시 재정립이 가능하다.

우리는 '진정한 아름다움'에 대해 이야기할 때가 있다. 사람이 가장 아름다울 때는 자기 모습에 충실할 때다. 우리는 그동안 수많은 의무 속에서 살아왔다. 긴장의 연속이었고 경쟁의 연속이었다.

인생은 60부터! 참으로 아름다운 말이다. 60은 행복이 저 멀리 있지 않다고 느낄 수 있는 나이다. 그 시작은 행복에 대한 재해석과 죽음에 대한 진지한 생각에서 비롯된다. 이것은 저성장이나 고성장과 상관없이 우리 모두 사유해야 할 문제이기도 하다.

직장보다 직업

초판발행 | 2017년 7월 3일

지은이 | 박기선

펴낸곳 | 리즈앤북
펴낸이 | 김제구
인쇄 · 제본 | 한영문화사

출판등록 제 2002 - 000447 호
주소　04029 서울시 마포구 잔다리로 77 대창빌딩 402호
전화　02)332-4037
팩스　02)332-4031
이메일 ries0730@naver.com

ISBN 979-11-86349-65-6 (13330))